# ウルトラウォーター

ultra water

SATOYAMA CAPITALISM 2030

## 姿なき産業革命

inoue kyosuke

井上恭介

プレジデント社

上「琵琶湖の定置網・魞」／下「琵琶湖の朝」

上「周防大島の朝」／下「瀬戸内海・夜明けの砂紋」

上「梅雨の古座川の朝」／下「瀬戸内海・深い霧の幻想」

# はじめに

2014年の冬、東京神田神保町で「新書大賞」の贈賞式にのぞんでから、10年がたつ。『里山資本主義』は、東京などの都会を脱出して地方に移住し、マネーだけが豊かさを決めるとの常識を捨て、活かされていない地域の資源を使い、自然と共存・共鳴し、人のつながりや新たな可能性を広げようとする人たちの「道しるべ」になってきた。

その間に日本経済は、いわゆる異次元な金融緩和の時代から、金利がゼロ以下でなく、賃金があがる時代にようやく転換しようとしている。しかし、気候変動の脅威が異次元化。輸入に頼る食料やエネルギーの高騰が重荷になっている。

本書は、新たな時代をしなやかに生き抜くために何が必要かを、真正面から考え、提示したいとの思いで書いたものだ。縄文以来、日本のひとたちが保持してきた感覚、考え方や生き方に突破口を見出したような「気づき」を示すものにはなっていると思われる。『里山資本主義』の共著者の藻谷浩介さんには、『里海資本論』のときと同様、解説をお願いした。『牛肉資本主義』でも仕事を共にしたプレジデント社の渡邉崇さんには、おおいに励まされ、時にハッパをかけてもらい、ようやく出版に至った。心からの感謝を申し上げたい。

目次

# 序章

# 「ウルトラリバー」から「ウルトラウォーター」へ

〝生きた化石〟とともに体感、
ジパングの「すごい水」

紀州の古座川・神棲むところ

## 南紀・古座川、神棲むところ

夜明け前に目が覚めた。窓をあける。目の前の稜線の合間にはV字形に紺色の空。その中央あたりの絶妙な位置に、鮮やかな光の点が見えた。

あけの明星だ。

これだけでも、また来たかいがあった。雨あがりであることも手伝ってか、これ以上ないほど、空は澄みきっている。

「山の黒」と「空の紺」と「星の白」。そのコントラストを、暗さに強いスマホのカメラにおさめ、ムービーカメラをもって外に出た。

ごーっという水の音が、永遠に続く空間。

マイナスイオン？　当然、満ちているだろう。空気の中を、無数の〝ちいさなちいさな水滴〟が、飛びまわっているにちがいない。

まだ真っ暗に近い。しかしあたりは、広く、白く浮かび上がっている。一面、平たい白い岩なのだ。長い長い時間をかけて水と石が表面のあちこちを〝回転しながら掘った〟ため、無数の丸いくぼみが、複雑な陰影を生み出している。

泊まっている宿のすぐ前にひろがっていること自体が信じられないような、壮大な岩の風景。ふつうに流れてきた川が、突然、滝になって落ちている。その先は、水が岩を懸命に掘ってできた大きな割れ目のような淵が何十メートルも続いている。

滝《たき》の拝《はい》、という。

水が落ちる場所のすぐ脇には古い祠《ほこら》があり、名前のいわれなども記されている。「沛《はい》太郎」なる神さまのいい伝えが残っている。ここは「神棲むところ」なのだ。

だんだん明るくなる。みえてくる、すごい全景。撮る位置を変えながら、夢中でカメラを回す。途中、祠に手をあわせたりしているうちに、時が、あっというまにすぎていく。


2023年10月の最後の週末。1泊2日の訪問だった。日本各地から研究者や専門家、学生や生徒が集まるというオオサンショウウオのシンポジウムが2日間にわたって行われた。町民が事務局をつくり、この川と流域に魅せられて移住した人たちが積極的に役割を買ってでて、一大オペレーションを取り仕切っていた。

私にすれば、そのことだけでも〝感涙もの〟なのだが、初日には、朝から大学生・高校生を含め熱のこもった研究が続々発表された。そして午後には、会場にほど近い地元の小学校の5年生がクラス全員で「芝居仕立ての研究発表」を行った。私は、講演者のひとりでもある旧知の写真家と競うように、ムービーカメラを回した。子どもらしく微笑《ほほえ》ましくもあるが、十分に専門的な発表だった。オオサンショウウオを「ジャイアント・サラマンダー」という英語名で呼んでは、壇上で誇らしげに微笑んでいた。

準備に、長い時間をかけていた。4年生の時に一度、5年生になってからもう一度、いくつもの支流の中でもとびきり水が澄んだ山あいの地域の、川に大きな岩がせりだした深い淵にオオサンショウウオを見にいき、その体験をもとに全員で「ストーリー」を考えた。夏休みも何度か集まって内容をかため、秋からは配役を決めて練習。合間の時間で小道具なども自分たちでつくり、大会の直前には、保護者が集まる学校の発表会で「質問コーナー」まである一部始終を、最後までやり通した。

みんなが一丸となって、地道な努力を積み重ねた上での、本番だったのだ。

発表の最後。ジャイアント・サラマンダーに関する専門的な知識を共有するため会場の参加者へのクイズにした一幕では、やりとりがうまくいかず、壇上のひとりの男子が〝かたまった〟。かたずをのんで見守る会場の大人たち。数十秒後、少年は誰の助けもかりず〝危機〟を乗り切った。万雷の拍手で、発表は終わった。

カメラを回しながら、ファインダーが見えなくなるほど、目に涙があふれた。終わってから、隣で一心にシャッターを切っていた水中写真家、県立の自然史博物館のエネルギッシュな館長さんと3人で「むちゃくちゃ感動しましたね」と語り合った。

大会2日目のこの日は、子どもたちが自分たちの〝仲間〟の名前として「これは、ぼくたちの常識」といっていたジャイアント・サラマンダーに会うため、水系の中でもひときわ高い水質を誇る上流に、〝メートル級〟のおおものを見にいくことに、なっていた。

その場所には、特別な思い出がある。私とその写真家は、橋の下の谷のおおきな岩のそばで、かわるがわる「川に口をつけてゴクゴク飲んだ」ことが、あるのだ。

ダントツの清流「ウルトラリバー」のひとつと、私たちは、呼んでいる。

## ウルトラリバーに導いてくれた〝ふたつの縁〟

濃密でサプライジングであろうこの取材をしようと私が訪れたのは、紀伊半島の南の端。潮岬のすぐ近くにある、古座川だ。この川をしばらくさかのぼり、その名も小川《こがわ》という支流をさらにいったところに、滝の拝は、ある。

古座川には、ふたつの「縁」で、たどりついた。

ひとつは、NHK・BSプレミアムの特集番組『蘇《よみがえ》る太陽の塔　閉塞する日本人へのメッセージ』の1年半にわたる取材だった。岡本太郎が秘書でパートナーの敏子とふたりで、日本各地に残る「神秘」を訪ねまわった旅で、想像以上の感動を突然味わったと記した不可思議な祭り。海賊の船が川をさかのぼるという祭りが、毎年夏に行われる川。それが古座川だった。

もうひとつの縁。それは、古座川も一目置くほど透き通った水が流れる、同じく紀伊半島の銚子川のほとりで行われたシンポジウムで出会って以来、驚くほど意気投合する仲となった、日本を代表する水中写真家・内山りゅうさんに導かれた、というものだ。

ちなみに、この銚子川はNHKスペシャル『見えないものが見える川』の舞台で（りゅうさんも、アドバイザーとして撮影につきあった）、日本でも抜きん出た〝きれいな水〟の流れる三重県の川だ。シンポジウムの日の夕方、同世代で親しみやすい内山さん夫妻は、初対面の私を四輪駆動車に乗せ、銚子川に向かった。「流れている水が違う。見たらわかる」と、大きな声で語りながら。河口近くの橋の上。日が落ちる寸前の光のなか、川をのぞきこんだ。川底の石などが〝水がない〟かのように、くっきり見えた。

その日の夜、旅館の部屋でビールを飲みながら反芻していたら、ある言葉というか「タイトル」がアタマに浮かんだ。

「ウルトラリバー」

りゅうさんに話したら「いいね。すごいね」と大喜び。いつか一緒にそんな番組をつくりたいね、と握手した。

内山りゅうさんは、もともと東京の人で、東海大学海洋学部卒。その後和歌山県に移住し、そこを拠点に和歌山はじめあちこちの清流などに行っては水に潜り、生き物などの写真を撮っている。魚やエビやカニ、サンショウウオや昆虫や、日本の「淡水」に生きる動物の図鑑などの写真のほとんどは自分の撮ったものだと、こともなげに語る。和歌山県の自然や観光、子どもをはじめいろんな世代の自然の学びなどをサポートするアドバイザー役も買って出ている。

なぜ、和歌山移住だったのか。2017年、岡本太郎の取材を進めていた私は「そういえば古座川って和歌山県だよな」とか思いながら、りゅうさんにもらった写真集などをなにげなく見ていた。目がくぎづけになった。〝空中にうかんだように見える水上のカヌー〟。古座川、とある。りゅうさんに会おうと、和歌山・南紀白浜空港に飛んだ。

りゅうさんが、語った。

「若い頃、カメラマンとしてどう生きるか悩んでいたとき、古座川の上流にある、滝の拝という淵に、ボンベを背負って潜った。ものすごい数のアユが目の前で泳ぎ回っていた。滝をのぼれないから、ここにいっぱいいいるわけなんだが、すごい。すごすぎる。今まで味わったことのない衝撃。それでふっきれた。東京を出て和歌山に住もう。携帯電話でどこにいてもすぐ連絡がつくなんて生活は捨て、退路を断って水中写真に取り組もう。そう思わせてくれたのが、古座川なんだ」

涙がでてきた。そして、決意した。

まず岡本太郎の番組のために、水中撮影する。岡本太郎は水の中なんか見ていない。でも、神秘を体感するこの旅で「イノチ」について考察し、現地に身を置くことでビリビリ感じた体験を、鮮やかに書いている。水中で、まさに闘うイノチを撮って、視聴者にみせることには、大きな意味がある。

そして、その先に〝ウルトラリバーそのもの〟をテーマに掲げる取材をしたい。

## 神棲む滝で出会った〝ちいさな女神〟

それから6年。内山りゅうさんは、数年ぶりに突然現れた私を、変わらぬ「いがぐり頭」と「くしゃくしゃの笑顔」で出迎えてくれ、ふたたび古座川に、連れていってくれた。オオサンショウウオのシンポジウムの8カ月前のことだ。岡本太郎の番組のための水中撮影につきあい、古座川の水で〝絶品のコーヒー〟をいれてくれた、和歌山県観光連盟の「志を同じくする女性」とも、再会した。

滝の拝のすぐそばにある小さな宿に、泊まった。

翌日の早朝、夕食時に仲良くなった、小学校にあがるまえの宿の女の子と、滝のあたりを散歩した。私は、なんの気なしに、ムービーカメラを回しながら、彼女のあとをついて歩いた。

ただただ、驚いた。

少女は、その辺にある、ほぼすべてといってもよい、なんということもない「自然のモノタチ」を、心からの感動の言葉で、次々紹介してくれたのだ。なんの打ち合わせも、リハーサルもなく。映像作品として公開されていないのが、不思議といいたくなる数十分だった。

宿の前の、川を見おろす「テラス」のようなところに戻ってきたら、少女は手のひらに、ひまわりの種を数粒のせた。きれいな小鳥が飛んできて、手の上にとまり、ひまわりを食べた。その瞬間、おおきな声で笑った少女は、小鳥にはなしかけた。するとまた小鳥がやってきて、手にとまって食べた。

オオサンショウウオのシンポジウムのあと、滝の拝の宿に泊まった夜、その少女と再会した。すると、こういった。

「おじちゃん、あしたの朝、散歩しようよ」

翌朝、約束は果たされた。はりきって早起きした少女は、またその辺の植物たちを、〝色とりどりの言葉〟で紹介してくれた。

滝の拝には「ちいさな実在の女神」が、いらっしゃる。そう、ここに記しておく。

## 水の価値に気づけと編み出した言葉「ウルトラウォーター」

最初に出会った2023年の冬、保育園にいくからと声をかけてくれた少女と別れたあと、川のすぐそばに、この世のものとは思えない真っ赤なもみじの木を、みつけた。はらはらと落ちる葉を、10分以上撮り続けた。りゅうさんもシャッターを、きり続けた。

そんな古座川が、過疎化に悩んでいる。「働く場所がない。お金が稼げないないないづくし」と地元の人は、口々にいう。

ちょっと待ってほしい。あるのだ。ありすぎるほどあるのだ。こんな「ニッポンのポテンシャル」に、大多数の日本人や、世界の人は、いつになったら気づくのだろうか。

もう少し「事実」を示しておきたい。

和歌山県古座川町で開かれたオオサンショウウオのシンポジウムの2日目、内山りゅうさんが講演した。地元のひとたち、子どもたちの顔をみつめて、こう語った。

「ヨーロッパでは『化石』としてしか存在しないオオサンショウウオの写真を撮っているといったら、数々の学者や生き物の専門家などに『ホントウなのか。すごい』といわれた。古座川にオオサンショウウオがふつうにいること。しかも、日本の地で長い時間受け継がれた遺伝子を100パーセント受け継ぐものが〝メートル級〟の大きさに育ち、それを観察できること。それがどんなにすごいことか、改めていっておきたい」

メイン会場となった町の体育館でのシンポジウムのフィナーレは、「もちまき」だった。久しぶりにもちまきを見る者を圧倒する手際のよさ。そしてものすごい数のもち。

高いところからまかれるもちやお菓子などに手をのばす、地元の子どもたち。一番のお目あては、もちと一緒にまかれた「実物をできるだけ忠実に再現した」というオオサンショウウオのぬいぐるみだった。懸命に追って手に入れた数人が、最後まで残って熱心に取材していた新聞社の女性記者の求めに応じ、並んで記念撮影していた。前日「自作台本によるジャイアントサラマンダーの研究発表」で、いきいきとした表情が印象的だった児童の姿もあった。

その後、140人もの参加者が大型バスに分乗して川の上流を目指し、野生のオオサンショウウオの観察会が行われた。発表した5年生が何度も通った、平井という天空の里のような山あいの集落。黄色い大きな実をいっぱいつけた柚子の木のあいだをすり抜けるように川辺におりると、大きな岩が張り出した水際に、体長70センチのおおものが、いた。あらかじめ岩の下に潜ってオオサンショウウオを探してくれたダイバーの青年たちが、水中から丁寧に運んだ数匹を、見せてくれた。黄色い肌がつやつや光る70センチのオオサンショウウオ。入れられた網にあいた穴をみつけて、もそもそと逃げようと動く姿が、なんとも愛らしい。何組もの親子が口々に「ホンモノはすごい。感動した」と、語っていた。

古座水系の最上流。北海道大学の演習林がすぐそばにあり、手つかずの原生林からそのまま飲める水が流れている。そこに大きなものだと2メートルにもなる、海外からもち込まれた個体とまったく交雑していないオオサンショウウオが、ふつうに生きている。

風で、小さな葉が、はらはらと水面に落ちていた。思わず深呼吸しながら水面を見つめていると、若いダイバーたちが近寄ってきた。こんな話を、みんなでした。

大きな岩の奥の数メートルもあるというくぼみがオオサンショウウオの棲みかなのだが、限りなく澄んだ水なので、あの小さな目でも、遠くまでよく見える。風で落ちた葉が臆病なオオサンショウウオを普段より少し安心させ、多くの観察者が見守る中でも出てきてくれたのではないか。川の神さまの、粋なはからいなのかもしれない。

「また来てください」という、にこにこ顔の青年たちと握手を交わし、再会を期した。

岡本太郎の番組取材の時、水にまつわる様々な話を、地元の人たちにきき、驚いたことを記憶している。平井のひとたちは「水の味」を感じる舌が、いつかのワールドカップのサッカー選手評的にいうと「ハンパない」。原生林のすぐそばの取水口から、水をひいて飲んできたそうだ。「それなのに、町は下流のダムから水をひく」と不満げに語った女性に、出会った。オオサンショウウオがいるであろう大きな岩の上から、何度も水に飛び込んだ小学生兄弟のおばあさんだった。

「鮎かけ」を楽しんでいるとも、語ってくれた。鮎の友釣りである。「古座川の鮎は一級品。でもここの鮎が一番」と笑った。そしてこんなことをいった。

──支流によって、鮎の味が少しずつ違う。食べたら、その違いがわかる。

こんな水をこう呼ぶことにした。

「ウルトラウォーター」

「ゼロ円」で手に入る、圧倒的に高い「透明な液体」。この資源の価値に、正面から向き合えば、道はいくらでも拓けるはずだ。

そんな人たちが暮らす「天空の里」。そこで、その水で、丹精こめて育てた柚子が、おいしくないはずがない。

発表した少年少女や、大会をしゃにむにやりきった古座川の大人たちが、過疎とか高齢化とかに負けるはずがない。みんなの仲間である「生きた化石」ジャイアント・サラマンダーが、いつも見守っている。

## 「ユートピア2030・未来夢想」試案

ここでひとつ、「告白」しておきたいことがある。

私は、2017年3月にNHK・BSプレミアム『蘇る太陽の塔〜閉塞する日本人へのメッセージ』という2時間の番組と、大阪の万博記念公園に立つ太陽の塔の内部展示『生命の樹』を2時間生放送したあと、精魂尽きたのか、うつ病で数年間、取材も番組制作も著作の執筆も、ほとんどできない状態に陥っていた。もう死ぬしかない、どうせろくな世の中にならないのだから。そんなことばかりを考えるでもなく考え、寝てばかりいた。

それが、2023年の11月、アタマが〝突然エンジンがかかって急発進する車〟のように動き出し、治った。エンジンをかけてくれたのは、里山資本主義の同志、親友である。

私はそれからのおよそ1年、各地を飛び回り、出会った人の話をきき、一生懸命カメラを回して、「空白の数年」を埋めるべく、文字どおり走り続けた。そして、廃人同様の状態からふたたび気力を取り戻した自分の、「人」としての、または「テレビディレクター・プロデューサー」としての来し方を反芻しつつ、この稿が目指すべきところを夢中で書き連ねた。

その方向性は、ついに異次元に突入した長い長い酷暑の夏をへても、能登半島の大地震と羽田空港の航空機衝突事故の衝撃で幕をあけた2024年になっても、ほぼ変わらないと感じるので、あえて手直しせず、ほぼそのまま提示したい。

## 異次元猛暑の夏の〝宣言〟

夏のある日のこと。きょうも猛暑日。テレビでアナウンサーが真剣に呼びかけている。

「みなさん、死んでしまう恐れがあるので、外に出ないでください！　部屋の中で、必ずクーラーをつけてください！」

ところが夕方、同じテレビで、クーラーを消すようにという呼びかけが。

「電力供給の限界が近づいています。節電にご協力お願いします！　本当に足りなくなると強制的に停電になります！」

ロシアのウクライナ侵攻を引き金に始まった世界的なエネルギー不足。そして食料などの異様な値上がり。

アナウンスには、さらに重要なひとことがつけくわえられる。

「電気料金はまもなく値上げされます」

私たちにそこから逃れるすべはない。唯々諾々としたがうしかないのだ。

しかもそれは超富裕層だろうが、年金だけで命をつなぐお年寄りだろうが、子ども食堂で栄養を補給するしかないヤングケアラーの優しい子どもだろうが、「従う」しかない。

あるテレビ番組で司会者は、

「食とエネルギーと水を自給するのは当たり前だと思うんだけどな」

とつぶやいた。

番組内での言葉は確かにきいていたので、一字一句ほぼ事実だ。


この不条理、星新一のSF小説の世界にとても似ていることに気づいた。多くの場合、このあとエヌ氏は「進歩したとされる文明」に翻弄されることになる。

実はフィクションが描く近未来や未来の文明では、おそらく一番オーソドックスな展開だ。主人公たちがゲラゲラ笑ったりワーワー泣いたりしながら地獄へ落ちていく「筒井康隆ワールド」の小説しかり。アイル・ビー・バックという言葉を残して、現在に近い「古い未来」

に開発された「旧型の人造人間」が、無敵と思われる超美人の最先端人造人間や、何度ライフルで撃っても引き裂いても元へ戻る超合金男を、単純すぎてさすがに対応できない「真っ赤に溶けた鉄の海の中への無理心中」で〝親指を立てながら〟やっつける映画『ターミネーター』しかり。

「人類の文明は結局のところ高くなるほど劣化していく」という同じメッセージを、繰り返している。

脱線が過ぎた。

今回、この「SFのような現実」を前にしたわれわれは、どうすべきなのか。

事態を加速させる記録的な円安を抑え込むため、2022年秋、財務省と日本銀行は、数兆円規模の市場介入に複数回踏みきった。政府は上がる電気代に対応するため特別に予算を組んだ。その額、実に22兆円。日本の国の税収の半分に迫る。

こんな対処療法でなんとかなるのか。何か根本的な解決策はないのか。

それに対する私たちの答え。実は10年程前に私たちが提示した「里山資本主義」だと考えている。

未来を見すえて掲げる生き方、とるべき態度の「基本のキ」。それは、お金を増やすことを目指すのではなく、人間としての幸せをまず目指し、あとからお金がついてくればいいという態度。別についてこなくてもくよくよしない、という態度だ。

幸せや豊かさのためといって、強欲にマネー獲得に奔走し、醜悪な闘争の末、いつの間にかマネーだけが目的でマネーさえあれば満足、という現代の「本末転倒」は、もうやめよう。奇怪な「常識なるもの」がすべての人の目に「ウロコのようにはりついて」見えなくしている「マネー資本主義」の嘆かわしい狂乱状況からおさらばしよう。そう訴えた。

その後の10年間も「里山資本主義」は、その本質を変えることなく訴え、受け入れられた。共感して人生を変えた人の数はおそらく2桁増えた。しかし全人口はおよそ1億2000万だから、マクロに見れば1000の1に過ぎない。

ところが今次の状況は、先に示したように「1億人レベル」で起きている。ならば大胆不敵といわれようとも、この「里山資本主義第2弾」は、むちゃを承知で挑んでみたい。

それはいわば、こういうことだ。

10年前の里山資本主義は「等身大のウルトラセブン」だった。

今回は、それが瞬時に「70メートルのウルトラセブン」になる勢い、意気込みで「大風呂敷」を広げる。完全にほかにはない試案を提示する。

でもなぜ、そんなに「自信満々」なのか。

私はＮＨＫのテレビディレクター・プロデューサーとしておよそ30年、「最強の素人」を自認して本物だけを追ってきた。フェイクを巧みに見抜いて避け、本質だけを見つめようとしてきた。

そんな私の中で今、膨らむ取材実感。

――人類はホントウに滅亡してしまいかねない。

さらにＮＨＫの信頼する後輩たちがつくったスペシャル番組をはじめ、多くの心ある人々が口をそろえて訴える、２０３０年までに根本的転換をなしとげないと手遅れになるとの指摘がある。

私はなんの専門家でもない報道番組のプロデューサーだ。しかし執筆を主導させていただいた新書『里山資本主義』が、本人たちの想像をはるかに超える40万部超のベストセラーになった。しかももともとの番組は全国放送でもない、中国地方5県向けのローカル番組という「究極の常識破り」だ。

私の人生は変わった。おかげで以後も「道なき道の開拓」に、引き続き先頭きって取り組んでいる。いつまでたっても「なんの専門家でもない素人」なのに。ちょっとは意味があるかもしれないが、会場に笑いの渦をまきおこすことが一番の魅力と私自身は考える、この大男の講演に依頼が増えていった。

いつのまにか、世界中で尊敬を集める「日本を代表する環境学者」と夕食を共にしながら、最先端をきわめて平易に語るキレキレの言葉を、自分に取り込んでいた。まったく無駄のない、本質だけを集めた「ダイヤモンドのような言葉」。まさにその道の第一人者の言葉だ。

そんな私が掲げる取材姿勢。それは「本質だけを頼りにする」ということ。つまり本気の本気ということだ。

いわば「21世紀のドン・キホーテ」。

これは「たとえ」だ。

私が唯一得意と自認するのは、直感的に理解して瞬時に生み出す、本質をついた迫力をもちながら、ときに思わず吹き出してしまう、私オリジナルの「もののたとえ」だ。

私のまわりのテレビの世界で加速度的に増えているが、面白い言葉が次々口をついて出てくるお笑いの方々、どんな難しい台詞でも「本物のように」自在にあやつる有名な俳優さんのお世話に、安易に頼らないと決めてきた。

あくまでこだわってきたのは、オーソドックスなドキュメンタリーの手法だ。

自分自身が、日本各地や世界の果てまで行って集めてきた「ナマ」の情報と映像。それを、今風にいえば「ガチ」で編集。「まがい物」はもちろん「変な調味料」も一切入れずに視聴者に届けるのが、不肖、私の矜持だ。

一例を、あげよう。

私は1999年、突然の辞令で異動した、まだ右も左もわからないヒロシマで「被爆の伝言」に出会った。

原爆投下直後、臨時の救護所となった「爆心地から460メートルの袋町小学校」のコンクリートの壁。そこに、行方知れずの家族や教え子を探す人々が、床に落ちていたチョークで数々の伝言を書いた。「オ願ヒ、オ知ラセ下サイ」。半世紀後、老朽化した校舎が取り壊されるにあたって、「伝言を探す」という広島市の前代未聞の調査が行われた。粘り強く交渉した我々だけが「一日だけの現場撮影」を許され、その日目の前で、黒板の下の壁から大量の伝言が発見されるのに立ち会った。

「完全独占取材」が始まった。

ほんの片言の伝言。誰が誰を探して書いたのか。伝言は〝伝わった〟のか。探していた家族や教え子はみつかったのか。「生きていた」のか。

ほとんどの伝言は「無駄」に終わっていた。しかし、その伝言を半世紀ぶりに見た家族や関係者は、目にいっぱい涙をうかべていった。

「あんな状況でよく探してくれた。必死で伝言を書いてくれた。ありがとう、ありがとう」

そんな番組だった。

そして、東京に戻ったあとの2008年秋、世界経済を奈落の底に突き落とした金融危機「リーマン・ショック」が起きた。私は先輩プロデューサーと、この摩訶不思議な金融危機がなぜ起きたかを当事者からきいて解き明かす「プロジェクトチーム」を立ち上げた。

掲げたテーマ、それは、

――大きいとはいえ一金融機関の破綻が、なぜ世界の金融システムを麻痺させたのか。世界中にあるとされる巨額のマネーの数分の一がなぜ一瞬にして消えたのか。

プロジェクトチームとはいいながら、チームは、番組1本につきひとりのプロデューサー、ひとりの取材ディレクター、カメラマン、現地コーディネーターの計4人。私は「手堅い投資がモットーのはずの年金基金がなぜ熱狂の渦に飛びこんだのか」を解き明かす回と、「なぜ完璧とされていた金融工学の仕組みが一瞬にして崩壊したのか」を解き明かす回の2本を担当した。

年金基金の取材では、ディレクターをアメリカ取材に専念させるため、「地獄をみた日本の年金基金」の取材・ロケは私自身が担当した。金融工学の回では、ディレクターが、こんな事態を招いて申し訳なく思う「天才的な頭脳をもつ金融工学者」から「直接講義」で教えてもらったその〝からくり〟を、ふたりで頭をひねりながらCG化した。

私は、世界でたぶんわずか数人の「金融工学の理屈を正しく理解し、説明できるジャーナリスト」になった。

そして私たちが出した結論。それは、「この摩訶不思議な金融危機の真相。それは、『アメリカの不動産価格は上がり続ける』ことを前提にした『高度な数学理論』が、地価下落の局面で無力化。リーマン・ブラザーズという投資銀行の〝ヘマ〟を引き金に崩壊した」というものだった。

まさに砂上の楼閣、蜃気楼のような「マネーの世界」に世界経済が〝おんぶにだっこ〟した結果の「当然の報い」だったというわけである。

これもまた、すべてホントウの話だ。

## 岡本太郎の気迫で向き合う、閉塞する世界

よく出てくるこの「ホントウ」に、疑問をもった読者も多いだろう。

ちょっと気になるカタカナのホントウ。私はこの言葉が好きだ。

美術番組もドラマ番組もつくったことのない報道番組プロデューサーというまったくの門外漢に取材を快く許してくれた大型番組で、この言葉に出会った。

ずっと前に亡くなったのに、いまだにもっとも新しいと多くの〝迷路をさまよう若者〟が

大好きな芸術家、岡本太郎。

安易に「天才」とは呼ばない。総理大臣でも大宗教法人のトップでもないのに、人生をかけて日本と日本人の確かな未来を〝たったひとりで〟探し続けた。その気迫をホントウのひとことにこめた。その対極の「卑しい」とか「いやったらしい」とかいう独特の節回しで、ふつうの人に訴え続けた。

太郎の集大成のひとつ、「太陽の塔」。1970年、6000万人を超える人を集めた大阪万博の会場に、突き刺した。

1970年。それは日本と世界の経済が最高潮を迎えた「資本主義のピーク」とされる。世界と日本が一番元気だったときに、そのいわば〝資本主義の祭典〟の真ん中で「日本人よ、目を覚ませ！」と叫んだ太郎。渾身の思いで突き付けた身の丈70メートルの「縄文の怪物」だった。

話している姿が太郎の生き写しに見えてくる〝志を継ぐ人〟、岡本太郎記念館館長の平野暁臣《あきおみ》さんが太鼓判を押してくれた。ぜったい中を見せないはずの工事現場に入れてくれた。

平野さんとは番組取材をする予定などなかった頃に偶然出会った。平野さんが太郎から引き継いで追い求める「縄文」と、私が取材と考察で深めていた「里山」が見事に一致。その瞬間に意気投合した。共感しあう人間同士のつきあいが始まった。

入れてもらった「ホントウの現場」。知る人にとっては泣く子も黙る「プロ中のプロ」大手建設会社・大林組と日本有数の美術工芸会社のスタッフが集う現場。

平野さんが〝怪物の内臓をもう一度つくって生き返らせる工事〟と説明する現場だ。

行うのは、放置されたままだった太陽の塔の内部展示「生命の樹」の再生工事。それを塔自体の耐震補強工事と同時に行うという「史上まれにみる難しい工事」。それを1年半にわたって密着取材した。

工事関係者と、太陽の塔を所有する工事主体の大阪府以外は、ほとんど誰も知らない「独占取材」。しかし正直にいうと取材やロケは、そのたびに東京から太陽の塔のある大阪に通って行わなければならないから費用がかさむ。だから、私ひとり手持ちのカメラで撮ることもしばしばだった。同じ時間や苦労の数々を共有した現場のみなさん。〝むきたてのゆで卵〟のようにシンプルで美しい独特の友情をわかちあった。私の知る限り事故は一度もなく、この難工事は予定通りの日程（1年半の長期なのに数日の「前倒し」）で終了した。

太郎が資本主義の世の中に突き刺した「縄文の怪物」太陽の塔は、まさに〝生き返った〟。

番組のインタビューで平野さんはこういった、

「あれは太郎にとって失敗だった。完敗だった」。太郎のような大きな声で語った。1970年の日本人を少しも動かせなかったという意味だ。そして「あいつが本当に活躍するのはこれからなんだ。あの1970年の時以上に、今こそ私たちにあいつが必要なんだ」と続けた。カメラの横でその言葉をききながら、大きくうなずいた。涙をこぼしそうになった。

得意のたとえで語ろう。

〝放射能汚染で人類滅亡の危機にある地球に、はるかイスカンダル星から放射能除去装置を運び、滅亡1日前に地球にたどりついた宇宙戦艦ヤマト〟のような、一所懸命だった。

前置きが、長くなった。

令和の現代、まさにその危機感さながらの現実が私たちを襲っている。

気候変動のモンスター。特別警報とか新幹線の計画運休とかいう言葉がいつのまにかつくられ、頻繁につかわれる事態。従来のはるか上の「100年に一度」の気象現象がやってくる頻度は年々高まっている。巨大化の加速度は、我々の想像をはるかに超えている。

さらに、異次元金融緩和とか円安とかいう「栄養剤」で肥大化し続ける、マネー資本主義のモンスター。

分断とかポピュリズムとかいう「反則技」で強大化する、民主主義の仮面をかぶったモンスター。

そして、人類が生み出した最悪のリアルなモンスター、核兵器。

それなのに我々テレビマンは、公共の電波の独占を続けながら、実食とか完食とか食リポとかいう「テレビ出演者用の、世間の常識でもない薄っぺらい言葉」を駆使してゲラゲラ笑うさまを、連日伝え続けている。

子どもたちの未来を左右する教育現場では、あれだけ「自力での創造力を育む教育への転換」を訴えていながら、夜はみんなでテレビの難読漢字のテストに毎日毎日取り組み、「勘が当たった」とかいってハシャイデいる。王者となった恐ろしいほどの記憶力をもつ東大生が「天才」ともてはやされている。少なくとも私が思うに、番組では創造力は一切問わない。しかも社会の常識では、厳選された「常用漢字」の範囲でよいと決めているにもかかわらず、である。実際に学校に通っていたとき、多くの大人はできるだけ手軽で簡単な道を探し、さほど日本の「ホントウの文化」、奥深い漢字文化を学ぼうとしなかったにもかかわらず、である。

自戒をこめていうのだが、公共放送のテレビマンは、視聴率や接触率という数字を指標に「いい番組」を見つけ出そうとしてきた。

ところが、テレビをめぐる状況を俯瞰すると、若い世代になればなるほどテレビはまったく見ず、ユーチューブばかり、という「ホントウの深刻な事態」に危機感を募らせている。多くの番組で、インターネットのランキングに沿ってニュース・情報番組を組み立てるという「最善のように見えて、ある意味、最悪の手法」が幅を利かせ、横行している。

僭越の極みをお許しいただいて、渾身の「2030年のユートピアの夢」を披露させていただく。

これまでの数百年、少なくとも産業革命以来、世界を導いてきた欧米主導の文明。その行き詰まりに、日本オリジナルの、欧米オリジナルとはまったく異なる根っこをもつ「縄文」とか「里山」とか「里海」とか、さらにはまだほとんど一般化はしていないがその世界では使う人が増えている「里川」の知恵を駆使して、ありうる限りの最高の未来を夢想しなければ、との思いで提示する。

——日本と世界の子や孫のために。

少なくとも、打算でも貸し借りでもなくつきあってきた日本各地の里山や里海や里川の「ホントウの友だち」は「いいですねえ、やりたいですね！　どうやったらできるんですか？」ときいてくる。そればかりか、すでにかなり近いことをしている人もいる。

では、SFの手法を駆使してかいた奇想天外な2030年の近未来の物語を、披露させていただく。

かつて『ポツンと一軒家』というテレビ番組で放送した場所のひとつに今いる、ということらしい。

きょうは2030年8月1日。

下界の東京では、「死ぬほどの暑さ」が30日連続で続いているという。

でもここは標高600メートルで、気温は摂氏33度。吹き渡る風が心地よい。

「里山資本主義ハウス」と呼ばれる真新しい木の建物が、あっちこっちで建てられている。ホントウにここは「ポツンと一軒家」の場所なんだよなあ、と不思議に思いながら眺めた。

以前はよく都会で見られた「モデルハウス」と「住宅展示場」。その「里山版」だという。

使う建材は、CLT（Cross Laminated Timber）と呼ばれる、縦横交互に張り合わせただけで驚くほど強度を上げ、保温力や湿度調節機能も兼ね備えた、優れものの合板。空き家を建物全体の入り口にして、その横に「新しい母屋」が建てられている。

屋根の形を、太陽光パネルが全面にのるよう設計。太陽エネルギーを効率的に受け取れるよう「最適の向きと角度」を実現している。だから、当然のことだが南側に傾いている。

パネルには100年に一度の台風にも、直径30センチのヒョウにも耐える技術革新が施されている。日本は今や、雨後のたけのこのように続々誕生する若者ベンチャー系電機メーカーなどの圧倒的に高い技術が、神代から続くという建設会社の底力を基礎とする建築技術とタッグを組み、急速に実績をぼばしているという。

横には、「風切り音」が出ないよう設計された小型の風力発電機も、幾つも見える。

地価が都会より格段に低いため、希望に応じて建物はいくらでも広くできるから「いくらでも発電」できる。そう案内役の女性に説明される。

80代と思われる、しかし独特の気品ただよう美女だ。年齢は「ポツンと一軒家」とある意味同じだが……。その美しさに、どぎまぎする。

日中さかんにつくられた電気は、建物の中に備えつけられた大容量の蓄電池に貯められる。リチウムイオン電池に匹敵する能力を誇る、京都大学をハブにメーカー技術者と研究者が集った「チーム・ジャパン」が独自開発した最新の全固体型電池だそうだ。冷蔵庫や洗濯機、最新型のトイレなどあらゆる家電の電気、そして自家用の電気自動車の充電も自力で100パーセント賄えるという。

この家に関して、「電力会社はいらない」というわけだ。

家の中に入ってみた。シェアハウス型の小部屋が5~6部屋。都会から、入居(住民票を移しての移住）や長期滞在の希望が募られ、希望に応じて住む期間や形態が選べる仕組みだ。今、この「ポツンと一軒家村」だけで、東京などに住む１０００人が順番を待っているという。それがこの村だけで10カ所あるというから、かなりの規模の話だ。

そういえばテレビの番組でも、女性ナレーターがあの名調子で「今ここに暮らすのはたったひとり、山田さんだけ。でもかつては１０００人の人が住んでいた」と言っていた。

もともとは平家かなんとか氏の落人の村だったそうで、長い間自給自足だったはず。案外、ちょうどいい数の人が待っているということかもしれない。

建物は平屋建て。しかし中は天井が高く、階段をのぼった中二階の部屋もある。ここに、「里山ならではのハイクオリティーな暮らし」をさらに高め続ける「庵主」と呼ばれるリーダーが住んでいるそうだ。

真ん中には、多くの人が車座で語りあえる囲炉裏。横には、ひとりでも数人でも、静かにその日の気分で食事ができるクリの一枚板の大きなテーブルと椅子。日本風に欧米テイストも取り込んだ、粋なつくりだ。

個でも共同でも暮らしを楽しみ、住む人と訪れた人が同じ時間と食事を分かちあうというコンセプトは、島根・石見銀山というところにある「他郷阿部家」という、銀山を管理した武家の屋敷を21年かけて丹念に改装したという古民家宿のやり方が、ベースになっているそうだ。

水は山から湧き出す谷川の天然水。水道の蛇口をひねれば、いくらでも使える。岡山・真庭で確立していたシステムで、水温は年中一定の15度前後とのこと。

ところが今、ここに誰もいない。なぜだ？　ひょっとしてここはモデルハウス？

すかさず「午後2時なので全員外で作業中です」との説明が入る。

みんなで農作業ということだな。外に出てみた。涼しい風が心地よい、のだが……。

予想は完全に外れた。作業は建物の建設だった。

「時給は、いくらくらいなんですか？」

なんとなく思い浮かべたのは「東京の自宅のポストに入っていたちらし」の時給。確かデリバリーピザのちらし配りのバイトだった。1000枚ほどを住宅地の家のポストに入れる「ポスティングスタッフ募集」のちらし。都会の真ん中で灼熱の太陽の下、誰も感謝してくれない、実は孤独な単純作業。しかも時には犬に吠えられたり、オートロックに「とおせんぼ」されたり……。時給は確か1000円くらい。60代の私世代も結構働いているときいていて、興味をもったから覚えていた。

しかし、返ってきたこたえ。

「無給です」

「え⁉」と思わず声をあげた。

まあ、数日あとには私もその作業に、「無給」なのに嬉々として参加したわけだが……。

なぜお金がいるのか、改めてしっかり考え、「一切のお金を捨てる」と決めたそうだ。

なんとこの村には、かつて世界の人々を牛耳り、きりきり舞いさせ、「お金持ちだけをより豊かに、貧しい人はどん底まで貧しくする」を究めた「マネー資本主義」はないのだ。

気になったことがある。いったい彼らがどこから「食べものを買っているか」ということだった。しかも、そのお金はないし。

こたえをきいて、また腰が抜けそうになった。

その辺で、野菜は「勝手に育っている」という。耳を疑った。人がするのは「種をまく」ことだけらしい。

説明によると、今から7年ほど前から、かなりひろがっていたという。無耕起栽培、または完全自然農法と呼ぶらしい。

山や森は基本的にまったく手をかけない。それなのに「農地」では人がさんざん手をかけないとうまく育たない。なぜ「正反対のふたつの生態系」が、ほぼ同じ条件の場所に存在するのか。その出発点となる「科学的証明」が、かなり前にされていたと説明された。

納得できた。この世界では当然のことだろうと思った。

一面に広がる「野原」のような畑。「芝生」のようなところもある。そこではニワトリやウズラが草をつつきながら遊んでいる。

山にはえる木や草や花、畑の手入れが行き届いているからなのか。そこここの岩や石の間から、澄みきった水が湧き出し流れているので、ほとんど、水やりの必要もないようだ。

誰も世話しないのに勝手に野菜が育つというこの草はらが、私たちがいうところの「農地」ということらしい。元は「耕作放棄地」だったから、ものすごく広い土地が使い放題ということだ。

というわけで、食べる野菜はほとんど自給とのこと。

少しおりたところにある、標高300メートルくらいの「ほったらかしの田んぼ」

では、幸い下界ほど気温が上がっていないので、ニッポンのコメがたくさんできているらしい。見た目はたぶん「沼地」なのだろう。

そこのコメとこちらの野菜を「物々交換」しています、とのこと。なるほど合理的だ。

「少ない年金の中から千円札をにぎりしめて、毎日10カ所以上のスーパーをまわっている65歳のオレはなんなんだ！」と叫びかけたが、思わず飲み込んだ。

目の前にマイクロバスが現れたのだ。ガソリンの補給はどこで？　と質問をはさむより前に「電気バス」だと説明された。あのデカイ太陽光パネルとか、風力発電とか、さらにあちこちから流れ出る山の水を利用した小水力発電でつくって貯めておいた電気でまた充電するのね。

降りてきたのは、里山資本主義ハウスの「見学者」、８人。

これから一緒に夕食が始まるという。

日が西に傾き、カナカナと鳴くヒグラシの大合唱の中、うたげが始まる。

庵主のかけ声で、乾杯。独特の味と香りの「にごり酒」のような「スムージー」のような飲み物だ。私の世界でいうところの「密造酒」だろう。山水を使ったものばかりだから、この飲み物をはじめすべてのものが、なんともいえないスムーズでやさしい味わいなのだ。

囲炉裏のふちの「高級寿司店のカウンター」のようなスギの一枚板に、漆器の小鉢や皿やお椀がずらりと並んだ。中には、つんできたばかりの超新鮮、完全有機野菜の料理が盛られている。味もそうだが、色彩だけでもごちそうだ。

つやつやのご飯を盛った赤い椀の美しいこと。ご飯は「エコストーブ」という、その辺で拾ってきた木の枝や落ち葉や、松ぼっくりで煮炊きする燃焼効率のいい釜で炊いたという。

見学者がメニューのようなものを見ていた。「里山資本主義ハウス、庵主の流儀」と表紙にある。最初の一行。それは「食べ物は最後の最後まで無駄にしない」。次のページにはさらに具体的に書かれている。野菜は、ほとんどの場合、根も皮も食べる。実はおいしい出汁もとれるから、スープ用に使うのは積極的に。それでも余ったり残ったりした固形物はすべてニワトリのえさにする。ニワトリや人の排泄物は、適切に処理して畑にまかれる。それを今度は土の中のミミズや微生物が食べる。最後のページに、増えもせず減りもせず同じをぐるぐる回る、淡い水彩画のような穏やかなイラストが描かれていた。

漆器に塗られる漆は、近くの山の漆の林でとったもの。木地もすべてこのあたりのもので、地元で使う分には当然ゼロ円。

そうそう、漆器は縄文時代に日本で生み出された、日本生まれの日本発。英語名は「JAPAN」なんだよな。

まさに「21世紀のジパング」の知恵。その豊かさが見事に表現されている。

結局、マネー資本主義のくびきを逃れたら豊かになった。あれだけお金をかけて「最高級の暮らし」や「おいしい生活」を目指したのに、結局「ゼロ円」が一番高くておいしかった、ということだ。

美しい老齢の女性ガイドが、胸をはった。

「これこそが日本が誇る、縄文の暮らしです！」

そしてガイドから、とどめの説明が。

「そうですよ！　これはみなさんがすでにずっと前からもっている技術です！『常識という、目に張り付いたウロコ』をとりはらい、その呪縛から解き放たれた瞬間、はじめられるのです！」

なんだか嫌な胸騒ぎがした。どこかできいたセリフまわし。

あれ？　確か、なんとかいう新書の本に書いてあったような……。

山奥で突如「最上級らしきレストラン」に出くわし、サービスの名のもとに、服をぬいだり、バターを首の後ろに塗ったりしているのと、展開は同じで、実はまったく意味が逆の説話のような夢……。

なんともいえない気分になって叫んだ。

「なんでいま、オレたちはやってないんだ！」

叫んだ瞬間、目が覚めた。

昼寝でつけっぱなしだったテレビで、アナウンサーが叫んでいた。

「きょうも猛暑日です。決して外に出ないでください！　クーラーをつけて、家でじっとしてください！」

# 第1章

# よわきもの、ちいさきものが主役になる

## 「水の世界」の、はなし

琵琶湖の朝

## 絶滅するいきものをいつくしむ、という「よわきもの、ちいさきもの」の作法

この論をつらぬく作法というかコツをつかむための、アタマの体操的考察に、おつきあいいただきたい。2023年の冬、数年ぶりに佐渡を訪ねたあと、一気に書いた文である。佐渡とは、能登とともに日本で最初に世界農業遺産に認定されたところで、自然の「清らかな水」をたたえる田んぼで、できるだけ農薬などを使わずに米を育て、田んぼに暮らすどじょうやカエルや水中昆虫などを「貴重な鳥」に食べさせ、絶滅から復活させたところだ。

——人類がこれまでどおり生存していけるかどうか考えるうえで重大な分かれ道とされる2030年を見据え、われわれのとるべき決断、生き方とは。日本や世界、地球を救う道とは。

大それたテーマに、真っ向勝負しようとしている。到底身に余ることを、なんとか見通そうとして、文字どおり「三歩すすんで二歩さがり」ながら、稿をすすめている。

静かな気持ちで集中したいものだが、どうすればそうなるのだろう。

人にも自然にもすごく優しい、しかし客観的に見れば相当困難な状況、かえりみられない

境遇であることを全身でうけとめた、ふたりのひと。この国や世界や地球の未来を考えるとき、知っておいてほしいと思った「ふたりのふつうのひと」のことにふれておきたい。

新潟の佐渡というところに、「ニッポン」という学名をつけられた、はっとするほど美しい色の鳥がいた。「トキ」である。漢字でかけば「朱鷺」。日本生まれとしてはさいごの一羽となったトキは、キンと呼ばれた。そのキンを膝に乗せて数十センチの距離から話しかけるひとと、それをまっすぐにみつめて〝きいている〟キンの写真が残されている。

黒い服をきた体格のいい、おとこの人。宇治金次郎さん、という。

キンたち〝さいごの数羽〟は「大きなとりかごのような施設」で、繁殖。つまり子孫を残すという「ニッポンの希望、未来」を担うことになった。始まったのは1967（昭和42）年。1964（昭和39）年、最初の東京オリンピックが開催されたとしの、3年後のことだ。「大切な命をつなぐ」ための施設の中でとられた、宇治さんとまったく同じような印象の写真がある。

もうひとりの「ふつうのひと」である、高野高治さんが写る一枚。まるで「鷹匠」のように、腕に白い大きな一羽を乗せ、みつめる姿が、とらえられている。

しかし、やがてキンは死んだ。子孫はのこせなかった。日本のトキは、絶滅した。

国立科学博物館のホームページには、こうある。

身近な鳥から野生絶滅：トキ受難の歴史

1967（昭和42）年、佐渡にトキ保護センターがつくられ、島内で捕獲された3羽のトキの飼育が開始されました。しかし餌として与えていた魚についていた寄生虫などにより、翌年までに相次いで死んでしまいました。（中略）

キン1羽だけでの飼育が長く続けられることとなります。（中略）――激しい議論が交わされた結果、1980（昭和55）年、国は残ったトキ全ての捕獲と人工飼育を決定しました。（中略）2003年、キンが死亡。国産のトキは姿を消しました。

当時の科学の最先端をつぎこみ、日本の叡知とプライドをかけたのに失敗した。絶滅という最悪の結果となってしまった。くやしい思いがにじみ出た記述だと思う。

ところが今、佐渡に行くと、トキが田んぼで、大きな羽をひろげて飛ぶ姿が見られる。佐渡市のトキ・里山振興係の方などにきいたら、数人が口をそろえて、教えてくれた。

2022年からの1年で100羽ほど増え、500羽ほどになったというのだ。

野生のトキである。どこからやってきたのか。

ふたたび、国立科学博物館のホームページ。

１９９９年に中国から贈呈されたペアと子孫たち。その後近親交配を避ける目的で中国から新たに譲り受けた個体と子孫たちです。

こんな記述もある。

この間に世界の生息地でも、朝鮮半島では１９７８年、ロシアでは１９８１年の確認を最後に姿が見られなくなり、絶滅したものと考えられています。

## 絶滅したトキはなぜ〝復活〟したのか

その説明は、一面的とも、いえる。

地元佐渡の人がどんな思いでトキを捕まえ、繁殖を見守ったのか。そして中国からやってきたトキを育てたのか。その間、佐渡の暮らしは、どう変化したのか。少し具体的にいえば、人口が減ったとか、農業による収入が減ったとかいうことが、同時におきていた。そんな「佐渡のトータルな歴史」は、当然触れられなくてはならない。

「ふたりのふつうのひと」のことを、置き去りにしている。

あの戦争で徴兵され、かえってきたふたり。印象的な二枚の写真に添えられた説明に、こうある。

ヒトへの警戒心を抑えるため、宇治は毎日同じ服装をして朝夕会いに行った。年の瀬が迫る頃、宇治が「トキ子」と慣れ親しんだその1羽は、遂にその手からドジョウを食べるようになった。後に国産最後の1羽となり、37歳の天寿を全うした「キン」である。

捕獲は宇治の手に委ねられた。宇治の胸中は複雑であったが、（中略）遂にキンは宇治の懐に抱えられた。宇治は「世界一の裏切り者」という自責の念に襲われ、周りで見守る者も、宇治に捕獲の成功を祝う声が懸けられなかった。捕獲後も、宇治夫妻は自分の子同様にキンの長寿を祈り、キンを忘れることがなかった。

農業と炭焼きで生計を立てながらトキの餌付けを行った。高治夫妻は、通学のため町に下りていた息子たちと離れて暮らし、生椿《はいつばき》（※おそらく日本書紀の時代から続く長い歴史をもつ集落）最後の1軒として、平成元年までトキとの共生を続けた。

さらに、こんなことも。

高野毅は、高治の長男として昭和18年に生椿で生まれた。（中略）定年を期に父高治の遺志をついで、トキの野生復帰に熱量を燃やし、父の姿を思いながら早くから生椿の水田を耕作し、ビオトープの整備を始めた。

田んぼに降り立ち、どじょうやカエル、小さなサンショウウオなど水棲の動物などを食べるトキ。佐渡では多くの田んぼが耕作放棄地となったが、トキのために農薬や化学肥料を減らして田んぼで米をつくり、あるいは米はつくれないまでも水をはったりして（※これを「ビオトープ」という）、トキの餌場を確保してきた。

高野毅さんと共に長年汗を流し、今、その田んぼとビオトープを見守る「潟上水辺の会」代表世話人をつとめる板垣徹さんは、しみじみと、こういう趣旨のことを話された。

「中国からトキを譲り受けたとき、実は、以前のように山奥にいってしまうだろうと思っていた。ところが予想外のことが起きた。いつまでたっても田んぼでのんびり餌を食べている。うれしい誤算は、なぜおきたのか。トキが山奥にいたのはそこが好きだったからではなく、われわれ人間が追いやったからではないか、と気づいた。そういうことだったのだ」

はなしをききながら、思わず涙ぐんだ。2014年に『里海・瀬戸内海』というスペシャル番組を、NHK入局3年目のディレクターたちを中心につくった時、同じような話を番組の最後のエピソードにしたと、板垣さんに伝えた。

スナメリという、小さくて丸っこいイルカの話だ。かつては漁師の水先案内人だったという。ところが戦後の高度経済成長期、瀬戸内海に大量の工場排水や生活雑排水なるものが流れ込んで「瀕死の海」になった時、絶滅寸前においこまれた。しかし、生き残ったスナメリは、かつての環境を取り戻し青く輝くようになった海を行く大型船の乗組員にしばしば目撃されている。そうきいて、とある調査に同行した。

スナメリのお母さんと子どもの姿を、カメラはとらえた。数秒の映像を残して、親子は一緒に海に消えていった。

晴れ渡っていた空が一変。冬らしいどんよりとした雲がひろがって、夕方みたいになった2023年3月初旬の午後の、佐渡・潟上の田んぼとビオトープ。板垣さんを先頭に、佐渡市のトキ・里山振興係のふたりと並んで歩いた。

板垣さんに会う直前、田んぼで餌をたべる2羽に遭遇し、とめた車の中から、その姿を目とスマートフォンに「焼きつけていた」ので、その「近いとはいえ、相当遠距離での観察」に、なんとかついていくことができた。

あっちにも、こっちにも。6〜7羽いた。見つけたトキが飛び立つと、思わず大きな声が出てしまう。するとほかの数羽が、1メートル以上ある「朱鷺色の羽」をひろげて、奥のビオトープに移る。繁殖期のトキは背中が黒っぽいのだが、羽をひろげると、なんとも美しい。淡い肌色のような赤といえばいいだろうか。しかし要は、よくしゃべり、びっくりしては大声を出す私のせいで、どんどん遠くに追いやってしまった。

新しくつくったという「観察のための木製の施設」に着いたときには、すっかりいなくなっていた。もといた場所に「黙って」戻った。

「夕方、めし食って、かえってねるんですよ」と、まったくの素人にわかるよう、的確に教えてくれる若手職員・五十嵐麻湖《いからしまこ》さんが、「黙ると、水の音がきこえますね」と、やんわり注意してくれたからだ。

すると、かえりにも2羽、田んぼにいて、近づくと飛び上がった。

田んぼに向かう前に板垣さんが、「いつも、この森をねぐらにしているのだが、どうもことしはその様子がみえない」といっていた、まさにその「ねぐら」に入ってとまるのが、見えた。

トキは、驚くほど大きな声を、響かせた。なんども、なんども。

東京・上野動物園と、和歌山・アドベンチャーワールドの「パンダ」が中国にかえるニュースで、日本中が「なんともいえない気分」になった、翌週の体験だった。

佐渡では1月に、「トキおじさんの息子さんの仲間」である板垣さんたちを中心に、この「トキの楽園」のすぐそばで、子どもたちの未来を拓く拠点・潟上未来会議をスタートさせていた。佐渡の集落再生の最先端モデルだという。家と学校以外に居場所がなく、あるいは学校さえ居心地のいい場所でなく家に閉じこもるしかない子どもにとっての「第三の居場所」を目指す。トキも子どもも、もっと元気にしたい。〝オール佐渡〟の力を飛躍的にあげ、アピールする重要な一歩が、踏み出されたというわけだ。

「もうひとりのトキのおじさん」宇治さんがいた佐渡の西三川という地域でも、おもいもしなかった展開が、盛り上がりをみせている。おそらく明治の時代の幕開け、日本でも最初に近い頃に創立されながら、廃校になった小学校の校舎。そこで「学校蔵」と名づけられた「最先端の酒」がつくられている。東京の芝浦工業大学など多くの大学の若者たちが参加。2023年には、海をへだてた一番近い大都市、新潟市にある新潟大学の学生がやってくる。志高い多くの大学卒業生の心を折ると指摘される「奨学金返済地獄」の解消にも、同時に乗り出すという。

トキは、ジャイアント・パンダとは異なり、中国に返さなくてよい。

トキの学名は「ニッポニア・ニッポン（NIPPONIA NIPPON）」。

日本の佐渡というところの田んぼにいる、ものすごくフレンドリーで繊細で、臆病な「仲間」であり、私には「神さまの使い」にさえみえるこのとりは、すべてのひとに、幸せと豊かさをもたらす存在になると確信した。

佐渡の、トキが毎日来るという田んぼの脇を流れていた名もなき小川。裏山から流れ出した、あまりにも清冽な水のことを、思い出しながら。

## 2023年の秋は、たった「4日」だった

それから10カ月ほどたった2023年11月初旬。

「100年ぶりに11月の最高気温更新」というニュースが、テレビを席巻していた。スタジオのキャスターや街に出たリポーターが、口々に「条件反射的な驚きの言葉」を競っている。

ところが「では、次のニュース」となれば、国連事務総長がいうところの「沸騰する暑さ」の話は、とたんに店じまい。

一方、男はその後乗り込んだ東京の私鉄の車内で、見渡す限りほぼ全員が熱中しているスマホをみることもなく、こんなことをつぶやいていた。

――世間にとっては驚きのニュースなのだろうが「あの驚き」に比べたら、キレがイマイチだな。

数日前の10月下旬、京都・長岡京市の「とある家庭」で、こんな会話が交わされていた。

——ことしな、秋が4日しかなかったんやで。扇風機、やっと物置にしもたと思たら、きょうの朝、冷えたな。最低気温10度やて。ああ寒む！　あんたがいるうちに石油ストーブ出しといてえな。

２０２３年の「長すぎた夏」。9月が終わっても10月がきてもしつこく暑かった。近所のスーパーに行くのも「しんどかった」と毎日愚痴りながら、アタマの回転は幸い衰えないこの高齢女性の記憶によれば、京都では、最高気温35度超えの猛暑日が43回だった。誰かれなく顔を見ると繰り返しこの「驚愕の記録」について語っていた。その暑さが、ようやくおさまって「扇風機が片づけられたので少し広くなった」居間。それをわずか4日後に、石油ストーブが出てきて「またせまくする」ことになったのだ。普段東京に住んでいる「力持ちの息子」がいなくなる前に出しておかなければ、という、この家族の都合だけではない。その日の午前中、町内を毎年巡回する灯油販売業者のミニ・タンクローリーがことし初めてまわり始めていたのだ。町内に響きわたった童謡「たきび」の大音量が、その日がこの地域の「冬の1日目」であることを、くっきりと示していたのである。

話には、まだ続きがある。いったん東京へ「大男」が戻った数日後。ふたたび長岡京の実家に帰って交わされた会話は、こんなものだった。

——きのうはまだ、ひとつ、咲いててんで。朝顔。ちいさいのが、ひとつ。ほんま、ようがんばったな、さいごのさいごまで。きょうはさすがに、つけてへん、けどな。

ことわっておくが、咲いていたのは「朝顔」である。長い長い夏の間、ずっと庭先で咲いていたのだが、ついに咲かなくなり、ちょうどその日の朝に戻って来た大男は「今季最後の一輪」を残念ながらみることができなかった。

その朝顔。9月中旬、京都・嵐山を流れる川・桂川が宇治川と木津川と合流して淀川になるあたりでとってきたものだ。近畿地方ではダントツといってよいであろう莫大な自然の水が集まり、ひとつの流れになる長い長い堤防。その脇にひろがる、水だけはじゅうぶんあるであろう「ワイルドな草はら」一面に芽生えた、見覚えのある双葉。その数は、百や千ではなかった。そのいくつかを、あまりの酷暑にゴーヤーが「ひとつかふたつ実をつけただけ」で枯れてしまった庭先のプランターに、母親と植えたのだった。

野生と思われるその双葉は9月下旬にぐんぐんつるをのばし、やがて毎日のように青い花をつけだした。母親は、青や水色の小さな朝顔の花の絵を描いて、午前の時間を楽しく過ごしていた。その花がようやく終わったタイミング。それがまさに「ことしの秋は4日」に気づいたのと同じ日だったのである。

夏の「青い名残」が庭先を席巻する中で、2023年の「小さい秋」は、よく知られる歌の歌詞とは違って「見つけられる」こともなく、去っていったのだ。

## 奇跡の朝顔

たねあかしをするまでもないが、「とある家族」とは私の実家。京都・長岡京に半世紀以上暮らす80代の両親と、30年あまり勤めていたNHKを定年退職したあとも東京でマンション暮らしをしながら、全国のいくつかの地域を訪ねては、話をきいたり、写真や映像を撮ったりして、執筆などしている私、である。

その日の朝、東京を出て、実家に帰りついた私は、両親と朝顔にかんするそんな会話を交わしたあと、母親とともに長岡京から電車で京都市内に向かい、母親の「絵の先生」とランチを共にした。

西山ゆらさん、とおっしゃる、母親の絵の先生で、野に咲く花をかくプロの画家である。ランチをした日の1週間前まで毎日放送していたNHKの連続テレビ小説『らんまん』の主人公のモデルとされていた植物学者・牧野富太郎博士の後輩にあたり、長年にわたって植物分類学を研究された東京大学名誉教授・大場秀章さんと、交流があるという方だ。

母親はレストランの扉をあけ、何度もお辞儀をしながら、すたすた店の奥へ。

――まあ、先生。お待たせしましまして。この子が、きのう帰るとかいってたんやけどね。さっき帰ってきましまして。こんなぎりぎりになってしもて。

おいしい食事と、楽しいおしゃべりの会は、それからおよそ3時間、続いた。

なぜ、そんなにもりあがったのか。「さかなクン」や「京大総長をされたゴリラの世界的研究者」もある意味びっくりに違いない自然体験談が、えんえんと続いたのだ。

水を得たさかなのよう、といってよい、すさまじい熱量で……。

我が母が「幼稚園にあがる前、子や弟を連れて「高瀬（伏見区の新高瀬川）の川原」で体長が20センチもあるショウリョウバッタとか、すぐ草の下の方にもぐって逃げるからつかまえにくいキリギリスとか、つかまえるのは簡単やけど勇敢に向かってきて油断すると手ごわいカマキリとか、一緒に行ってはとってた」という昔話を披露すると、ゆら先生も「どこにいっても、クヌギの木をみつけては、けってカブトやクワガタを弟たちととった」と応じる。「今も、だいぶ前に国際会議場あたりの小川で、網ですくってきた黒い大きなめだか（固有種と思われる）の卵をホテイアオイにうませて、ことしも数十匹は育てた」とか、「でもやっぱり去年から、ものすごく暑い日に、たった1日で死んで。ことしも大変で。来年はどうしよう」とか。母の9歳下の弟で、私の自然体験の「先生」である、さぶちゃんこと三郎さんは、「何年か前まで鴨川で1メートルくらいの鯉をよく釣って、いつも誰かが待ってて、もって帰ってた」とか……。

そして2023年の長い長い夏に、えんえんと咲き続けた「奇跡の朝顔」のはなし、になった。

## 「9月に双葉が無数にでて10月に朝顔が咲きほこる時代」が意味すること

おいしいワインをいただきながら、三川交わる「大河の堤防の道の脇」からもって帰って、育てていた朝顔が「きのうまで咲いていたのについに終わった」という母子の話に、ゆら先生が、食いついてこられた。「友釣りのおとり鮎」に挑みかかる天然鮎のように、強くしなやかに。

――そう？　川原に一面、朝顔の双葉をみつけたのね。私も、みてみたかった。青もあるけど、ちいさな水色の花を咲かすでしょ。最近の私の一番のお気に入りなの。ふつう落ちたタネは春を待つけど、暑い9月に芽を出したんでしょうね。

この朝顔、近年川原などでさかんに繁茂するようになった「アメリカアサガオ」という外来種だという。英名は「Ivy-leaved morning-glory（アイビーみたいな葉っぱの、朝の栄光）」と、なんともアメカジな語感。葉が丸くかわいい花が特徴の「マルバアメリカアサガオ」という外来種もあり、こちらがゆら先生のイチオシだそうだ。

そういえばこの1年、何度も取材で通った瀬戸内海の周防大島でも、鮮やかな青い花をいっぱいつけたワイルドな朝顔の群落をあちこちで見たことを思い出した。朝顔といえば日本古来の文学に欠かせないから日本の花だとばかり思っていたが、海外から渡ってきた「新顔」が、いつのまにか自然の野で、増えていたのだ。

まさに「気候変動の花」。しかしそれがしぶとく秋まで咲くことは「皮肉」ではない。我が母親に絵を描く時間を提供し、画家である西山ゆらさんも、散歩の途中などにみつけたら大喜びだというのだから。

むしろ皮肉なのは、我が実家のプランターに、もうひとつ「咲かない花」があることだ。私と入れ違いに帰省した弟が「ゴーヤーのかわりに花を育てたい」という母親をレンタカーに乗せ、地域で一番品ぞろえのいいホームセンターに行って買ってきた「昼顔」も、長いつるをのばしている。しかしこちらは、結局ひとつも花をつけなかった。せっかくお金を出して買ったというのに。

母親は、さらに驚くべきことが目の前で起きた、と先生に語った。

——びっくりしたんですよ。この子が3つ双葉をもってかえってすぐうえたんですけど、ふたつはすぐ、だめになったんです。ひとつだけ育って、毎日5つか6つ花が咲き続けて。でもね、先生。ある日、ふとみたら、だめになってなんにもなくなってた1つが突然芽を出して、ひとつ花を咲かせたんですよ。そんなこと、あるやろか。

その花は、私もこの目でみた。双葉を植えて数日で枯れ、跡形もなくなっていた。それでも「根」だけは生き残っていたのか。花はひとつだけ、だった。咲きおわったら、またたくまに全部、枯れた。

60年近い人生ではじめての体験。奇跡だと思った。

## 朝顔がしめす「異次元気象変動時代」へのメッセージ

この「奇跡の朝顔」は、現代にいきる私たちに、何をしめしているのだろう。気候変動の過酷さだろうか。〝ベース〟としては、それがある。

野生の朝顔の双葉が広大な川原の草原に一面、という光景。それは2022年以前の「100年に一度」という大雨が毎年どこかで降っていたとはいえ、真夏でも少しはほっと一息する隙を人間に許していた「ここ数年の異常」とは明らかに違う夏だった。「異次元な夏」を象徴する現象にちがいない。

めだかの産卵を見守ったり、庭先のみかんの木についたあげはの幼虫が育ちきったところで自宅の箱に移してはさなぎにして羽化の瞬間を観察するのが趣味という、自然の生き物を育てることに熱中して80年以上という母をして、生まれて初めてのことが起きたのだから。自然の花を見つけて絵を描くことにかけては相当な専門家である母の絵の先生をして、過去一度もきいたことがないできごとなのだから。

そうした「ホントウに異常だった夏」のさまざまな体験談は、日本中のあちこちで、さまざまに語られている。

蝉のなき方がむちゃくちゃだった。夏のはじめ、ここ数年で一気に多数派になった「くまぜみ」も「あぶらぜみ」も「みんみんぜみ」も、そしてなぜか夏の終わりになく「つくつくぼうし」までが、いっせいに、なきだした……。

どの木を見ても、どんぐりがほとんどならなかった。いのししとの「どんぐり争奪戦」に負けた熊が、人間のいるところにおりてきた、というのが、かつてない「熊の被害」の一因らしい……。

東京・お茶の水の昔ながらの喫茶店で、友人の大蔵流茂山千五郎家の狂言師・松本薫さんは、こんな話をしてくれた。

丹波篠山あたりは、夏に「黒豆の枝豆」をいっぱい食べたうえで「お正月用の黒豆」もやっぱり丹波産でしょう、と毎年いっているのに、ことしは丹波の知り合いから黒豆がこなかった。送る豆がない、という。

私たちは、いわば異次元気候変動という時代の〝入場門〟をくぐってしまった。それが2023年から2024年になる、ということなのかもしれない。

しかし、私がいいたいのは「そっち」ではない。

異常だから絶望だとかいう、短絡的で陳腐な「ダメダメ話」にくみする気はないのだ。

異次元な夏が、奇跡の朝顔を咲かせたのだ。「名もなきイノチの輝き」が、少なくとも3人以上の人を驚かせ、楽しませ、深い感動をもたらしたのだ。

気候変動は、経済的マイナスしかもたらさないのだろうか。ゼロ円で手にいれた朝顔は、経済的かどうかはともかく、おおいに「利益」をもたらした。経済的利益をもたらさなかったのは、ホームセンターで数百円を出して購買した「昼顔」のほうである。

もちろん母親は「花は咲かへんけどかわいそうやから抜かんとこ」と朝顔同様、水をやり続け、会う人会う人と、花が咲かない昼顔のことも話題にしたから、経済的には「プラスゼロ」とはいえ、家族の日々の暮らしにおおいに貢献した。その昼顔も「イノチ」なのだ。

気候変動に関して日頃われわれがしがちな「損得論」や「善悪論」あるいは「経済への悪影響」の話は、実はちっとも真実を伝えていないのではないか。そのことを「奇跡の朝顔」

は雄弁にうったえていると、私は思うのだ。

それが、10年ぶりに私が手づくりの造語「ウルトラウォーター」を掲げ、ＳＡＴＯＹＡＭＡ ＣＡＰＩＴＡＬＩＳＭを世に問うことの意味だ。

## いっけん「ぱっとしない植物」や「外来種」を愛《め》で続けた、自然志向の日本史

西山ゆらさんの「先生」にあたる東京大学名誉教授の大場秀章さんは、ＮＨＫの朝ドラ『らんまん』が注目をあびる「直前」の２０２３年の春、日本経済新聞の文化欄に興味深い連載をされていた。

１０００年以上も昔の平安時代の王朝絵巻から、明治維新後急速に西洋文明をとりこんだ時期までを俯瞰し、日本人の驚くべき自然観察力や、自然を取り込んで豊かさを生み出し、実感してきた独特の文化、あるいは様々な時代の人の探求心を植物学者の目で克明に追いながら、ユーラシア大陸の東の端に弧状に浮かぶ島々に住む人々は、もともとあった文化や生活、それを支える自然に素直に向き合いながら、海を渡ってやってくる異質な文化や生活、同時にもち込まれる外来種といったものまでを、しなやかに取り込み、もともとのカタチを決して打ち消すことなく、柔軟に融合させて今に至るのだ、ということを明らかにするもの

だった。

一方で、私は2018年、「芸術は爆発だ」で知られる芸術家・岡本太郎渾身の大作、大阪万博の会場の真ん中に突き刺した「縄文の怪物・太陽の塔」の内部展示復元工事に1年半密着。太郎がなにを考え、どう行動したかを、徹底的にトレースし直した。パリで世界の最先端をみずからに取り込んだあと、帰国。戦後の日本で人々が一番馬鹿にしていた大昔から続くナマハゲなど、日本の津々浦々に今も残る、いっけん「わけのわからないもの」にこそ、未曽有のマネー的豊かさとひきかえにどんどん陳腐化する現代人を「目覚め」させる大切な力があると確信していたことを知った。そしていつしか、縄文以来、日本人が当たり前に続けてきた自然との対話、いわゆる里山的感覚や生き方にこそ、失われた30年といわれる閉塞の時代に欠かせない未来開拓の鍵があるのではと、考えるようになった。

大河が枯れ、山火事が頻発し、カラカラにひからびた大地で水を求める人が世界中にあふれる「気候変動の地球」にあって、線状降水帯による「100年に一度の大雨」を心配している日本は、むしろレアケースだということと、日本人がいつも自然をいたわり、感謝し、そこにしばしば神をみることとは、実は無縁ではないのではないか。あちこちに「のめるほど清い川」が流れ「おいしい水」がわき、特別な名前のついた「名水」があり、その多くに

「水の神さま」のいわれが残る環境を享受していることは、関係があるのではないか。

戦中戦後の大混乱期に日本の津々浦々を歩き続け、長い長い時間受け継がれ守られてきたものが残る日本、そこに暮らす名もなき人々にこそ、これからの世の中を生き抜く知恵、使い続けさえすれば自前でじゅうぶん豊かさを保てる資源がある。そのことを突き止めようとした民俗学者・宮本常一の著書が、脳裏にふと浮かぶ。パリから帰った岡本太郎が読みふけり、その足跡をたどって日本を再発見したであろう、その本のタイトルが、ふとアタマをよぎるのだ。

『忘れられた日本人』。

思い出し、取り戻せば、案外道はひらけるのではないだろうか。

「玉手箱」を、そっとあけるようなことを、してみたいのだ。あけた瞬間、金銀財宝ジャラジャラで、見つけた瞬間大富豪まちがいなしの「宝石箱」ではない。

はっとするような清冽で優しい世界。あっけないほど身近なアプローチだが「ぐだぐだの社会状況」を一変させる力があるかもしれない。政府や経済団体や金融界がしたり顔でくりだす効きもしない解決策が展開する経済の復活論の真逆だが、我々が自覚していないだけで、すでに我々は「打ち出の小づち」をもっているのではないか。ただしそれは、よりマッチョに、より強くより大きく、という態度では、力を発揮しない。

「よわきもの、ちいさきものの世紀」を拓く。対象は人間だけではない。地球のいきとしいけるものすべてを含む森羅万象である。だいたいこの世はみな人間が支配するもの、人間以外は（ときには、人間さえも）全部リソースという思い上がりが、戦争や分断をより激しく、より非人道的にしているのではないか。

異次元気候変動に翻弄されながらも人々を魅了する、ジパングが誇る水の現場。そのいくつかを訪ねてみることにしよう。

## 唯一無二のウルトラな水がめ、「里湖」琵琶湖

みるたびに表情を変える「広大な水辺」を、じっくり体感したことがあるだろうか。ときに荒々しく、ときに幽玄。ときに夢想をさそう。

中に浮かぶ島などには、神が棲むといわれる。

かつては水質汚濁が悪化の一途をたどり「瀕死の湖」と呼ばれた頃もあったが、いわゆる「粉石けん条例」以降、次第に環境が回復。今や水質的にも、結構な範囲で飲めるほどきれいな水をたたえる。

琵琶湖、である。

ＮＨＫを定年退職し、京都・長岡京の実家にしばしば帰るようになってから、長岡あたりで桂川などと交わる宇治川の源流である、この「近畿の水がめ」に通うようになった。

２０２３年11月、この日も、建築の大学院を出て漁師に弟子入りした若手漁師・駒井健也《たつや》さんの、おだやかな波音がきこえるお宅に泊まった。ＪＲ京都駅から湖西線をゆく各駅停車に乗って30分ほどの、蓬莱という駅のほどちかく。琵琶湖の真ん前。琵琶湖西岸は、東側以上に、昔からのたたずまいが残り、古来の漁を受け継いでいる。

朝５時前、起床。缶コーヒーを飲みながら、駒井さんの軽トラに乗って、和邇《わに》漁港へ。この日は、琵琶湖古来の定置網、魞《えり》のまわりに沈めた長い竹などの筒をひきあげての天然うなぎ。そして、沖で回遊する琵琶湖固有種の琵琶鱒《びわます》を狙うさし網漁を行う。

ちいさな舟をあやつって、沖へ。西の空に赤みがさし、水面に様々な色がうかびあがる。

「季節的に魞漁はもうおわりなんです」といいながら、駒井さんの魞に近づき、舟を固定し、ロープを全身でひっぱりあげる。

ひとつめの筒。駒井さんが目を見張った。入っているようだ。慎重にたも網に筒の一方をあてがい、逆さにして、ふる。

大きい。60センチはあるだろうか。そして太い。駒井さん、満面の笑み。

次々筒をあげては、中を確かめていく。背筋体操のような動きが繰り返される。

一方湖面は、朝日がのぼる時間となり、赤い世界が白の世界へ。

１００本近い筒をあげた結果、おおもの天然うなぎが２匹。30センチ超のそこそこサイズ1匹。おおものは料亭などが直接買いたがるから、いい値段がつくという。

「おいしいんですか」。なにげなく尋ねると、なんともいえないにこにこ顔でこたえてくれた。

「あぶらが、軽いんですよ。すきっとしているんです。全然違う。あぶらがのっているのに、くどくない。それが琵琶湖の天然うなぎ。ほかの川や湖とも比べてみましたが、最高だと思います」

そして舟は、刺し網へ向かう。

あげていくと、大きな魚影。琵琶鱒だ。でも、かかってから1日以上がたったため、死んでいた。生きていたら、いい値がつく。それでも50センチ超の琵琶鱒は、死んでいても価値はたかい。

また網をたぐる。もう1匹、おおものがかかっていた。サツキマスだ。

駒井さんが、素早く動く。神経締めをするのだ。バケツにいれ、針金をとりだし、背骨にそっていれていく。「イノチ」をいただくからには、価値を最大に高めようとする姿勢が、一貫してみえる。

ちなみに、一緒に網にかかった小さなエビなども、決して無駄にしない。あわせてブラックバスやブルーギルなど、固有種を食い荒らす外来魚は、湖に戻さない。

昔ながらの「とりすぎず、網に入ったぶんだけ、いただく。取りに行って戻るだけだから、石油などのエネルギー消費も最小限」という漁にこだわる意味も、わかっている。

湖魚といわれる琵琶湖の魚がどんなにおいしいか、とことん伝えたいという駒井さんの「琵琶湖愛」。最初に泊めてもらった日の夜、知り合いの居酒屋で、初めて琵琶鱒の刺し身を食べる私の顔をじっと見つめる駒井さんの表情を、忘れることができない。

ひときれ、口に入れ、「うまいねえ。今まで食べたことのない、さわやかな味です。あぶらがサラサラなんですよね。よく食べる養殖のニジマスとかとは、口に入れた時の感じが全然違う」というと、これ以上うれしいことはないという表情になり、まさに笑顔をこぼれさせながら、何度もうなずいていた。

「消費者にうけるか」とか「手に入るマネーの額」とかいうことを超えた「里湖の価値」がわかっているのだ。

自分の「人生観」や「世界観」を超えた、いわば「地球観」が身についている、といっていい。

ウルトラウォーターとは、水そのものの価値であり、そこに生きるイノチの価値であり、それをいただくことの価値。その意味や、替えの利かないかけがえのなさがわかることなのだ。

## 「異次元台風の洗礼」を受けた、琵琶湖の夏

私が駒井さんに出会い、魞での漁の様子を間近で見たいと漁に同行しだしたのは、2023年の初夏だった。想像を絶する事態を、次々と目のあたりにした。

最初に同行しようとした日は、舟が出なかった。普段はほとんど波のない琵琶湖に白波がたち、大きなうねりで舟を出すと転覆する恐れがあるとの判断のもと、出漁を見合わせた。遠くを、かなり大型の台風が通過した影響だった。

私は、ふたたびいびきをかいて寝てしまった駒井さんを起こさないよう目の前の浜に出て、夜明けの湖を撮った。なんとも印象的な雲。そして波やうねり。時間が経過すると、空も水面も、どんどん変化する。

漁に出ないのに大満足したたと、朝食をともにしながら駒井さんに語った。「なんだかよくわかりませんが、よかったですね」と、にこにこ応じてくれた。

再度のトライの日は、直前にまたもや台風がやってきて、直撃。新幹線が計画運休になったため、無理な移動を余儀なくされた。さらに沿線の川が氾濫してダイヤが乱れ、車内で数時間立ち尽くしたあと、くたくたの状態で駒井さんの家にたどり着いた。

翌朝、台風が去った湖面はないでいた。念願の出漁。大阪からかけつけた旧知らしいベテラン新聞記者とともに、漁場に向かった。

思わぬ事態が待っていた。

うなぎの筒に、大量の藻が複雑にからみついていたのだ。台風が、湖の水をさんざんかき回したためだった。「うなぎ漁」どころの話ではない。しかも、藻をとりのぞいておかないと次の漁ができない。力の限り背筋を使い、うなぎの筒をあげては藻を取り除き、また水に沈めるという作業が延々と続いた。

ポツリとこういった。

「魞も壊れてしまった。そもそも魞の漁はそろそろ終わりなんですが、台風に強制終了されてしまった」

結局、こんどこそと期待した魞漁の様子はまったく撮れなかった。そのかわりこの日も、早朝の空や雲の変化、刻々移ろう水面。そして台風の異様なまでの破壊力に翻弄される琵琶湖古来の漁の現実を見ることができた。

しかし「気候変動の雷神」は、許してくれなかった。突然遠くに分厚い黒雲が現れ、どんどん近づいてきたのだ。ベテランの新聞記者が叫んだ。「あそこ、すごい雨が降っているぞ」。雲の下の雨が、遠くからでも確認できた。

数分後。屋根も傘もなくまわりは全部水という「逃げ場一切なし」の舟の上で、全身を滝のような雨にうたれた。カメラを着ていた服の中に隠したが、無駄だった。かなりの修理代をのちほど払うことになる、気候変動特有のゲリラ豪雨の「洗礼」をうけて、3時間におよぶ漁の同行取材は、終わった。

## 天然うなぎにすっぽん「絶品オンパレード」試食会

それでも、もう琵琶湖はこりごり、とはまったく思わなかった。

駒井さんから「こんど、ほかの地方の漁師さんと天然うなぎの食べくらべのイベントをするんですが、来ますか」と連絡をもらった。食いしん坊の私が、行かないはずはない。

指定の集合時間の少し前に、駒井さんの家についた。快晴の休日。輝く水面。遠くにいくつものカラフルなボードセイリングが見える。

家の前で、数人の男女が、なにやら相談している。駒井さんの姿はない。どこにテーブルなどをおき、どんな準備をするか、これから決めるのだという。

「駒井君もホント、天然だからな。全部こっちが考えないといけないんだよな。米はどれくらい炊く？」

みんなでアイデアをだしあっていた。

霞ヶ浦から来たという、かっぷくのいい先輩漁師さんが音頭をとる形で、テーブルやいす、日よけなどが設置される。作業しながら、ちょっと休憩もはさみながら、

「風がきもちいい。いいながめ。これだけでも、きたかいがあった」

と、口々に語り合う。そして、見ず知らずの仲が交わり、深まっていく。

近畿の人たちにとっては、湖西線沿岸の湖水浴場は、夏休みの間、家族や仲間でくりだし、泳いでバーベキューをするところ、というのが定番だろうが、気候変動のおかげで9月半ばというのにじゅうぶん暑く、まさに「バーベキュー日和」。

気候変動はいつも「災い」というわけではない。

そこへ突然、沖からいっそうの舟が岸に近づいてきた。参加者たちに魞を間近で見せて説明していた駒井さん。漁港に戻ることなく、浜に直接舟をつけて降ろそう、というわけだ。親子連れなどが、次々舟をおりる。浜が一気ににぎやかになる。

天然うなぎの試食会の、はじまりだ。

家の中の流しで、ひとりがうなぎをさばきはじめた。若狭湾に近い三方湖の漁師。まだ30代だが、祖父直伝の漁の技をもつという。仕事の半分が漁業で、ほかもしている。漁師だけの「一本足打法」だとどうしても生活が安定しないので、無理せず、田舎でできるちょっとした収入をあわせているという。

大きなバケツから取り出したのは、60センチクラスのうなぎ。アタマに釘を打ち、一気に腹をさく。さきおわった身は、くるくるまいて、まだ身をくねらせている。それにしても、うなぎの身の分厚いこと。手際よく、串がうたれる。

はじめて間近で見たという子どもたちが、目を輝かせている。

2階のキッチンでは、うなぎ丼用のごはんを、女性陣が炊きはじめた。外では、頼もしい霞ヶ浦の漁師が中心になって、炭火をおこしている。

70代の男性が、思い出を語りだした。

「ぼくはね、木曽川の上流のまちで育ったんだ。うなぎがいっぱいいる木曽川で、毎日のように泳いだ。顔の横をうなぎが何匹も泳いでいくんだ。きょう、久しぶりに立派なうなぎをみて思い出したよ。楽しかったなあ。おとなになってからは、ここよりちょっと北の安曇川《あどがわ》のそばに住んでいた。秋、枯れ川みたいになっているときがあって、雨が降ると、琵琶湖の鮎がいっせいに川をのぼるんだ。雨がやんだあと川原に行くと、水たまり一面に鮎がいる。

すごいよ。なんていえばいいかなあ。鮎のじゅうたん、なんだよ」

鮎のじゅうたん。なんという豪華なことばだろう。

炭火のうえに、串をうったうなぎがのせられた。しばらくすると、あぶらが炭の上に落ちる。ふわっと、白い煙があがる。その煙がうなぎをいぶす。なんともいえない香りがたつ。うちわであおぎ、あぶら、煙をくりかえし、ちょうどいいところで裏返す。

まずは、白焼き。そのあと、漁師持参のたれをつけて、蒲焼き、という趣向だという。

三方湖の漁師に続いて、うなぎをみずからさばいてきた霞ヶ浦の漁師、そして琵琶湖の駒井さんが、並んで焼き始めた。3つの湖の天然うなぎの、そろいぶみ。みんなが近くに集まってくる。裏返す間隔がみじかくなる。炭から煙のあがる頻度と勢いが激しくなる。いい色になってきたところで、炭火から離し、ざくざくと切られた。

「ひとり一切れずつですよ」と声がかかる中で、参加者が箸をのばす。口の中へ。顔がほころぶ。言葉がでない。しばらくして、あちこちで歓声があがる。

「なにこれ！」「すごい！」「初めて！」

2匹目の白焼きの一切れをもらい、あえて塩さえつけず、口にいれた。

なんという香り。そしてあぶらの深く、しかもしつこくないさわやかな味。これが天然うなぎの白焼きなのか。

駒井さんの家の2階のキッチンでは、琵琶湖の天然のすっぽんをさばいているときさ、階段を急いでのぼった。若い調理人が、文字どおり「格闘」していた。大きなバケツにいれられ、必死で逃げようとしていた、甲羅の直径が30センチくらいのすっぽん。重さ1・5キロ。すっぽんの首根っこをおさえて包丁をいれ、頭を切り落とそうとしている。しかし、〝敵もさるもの〟。ものすごい形相で、料理人の指にかみつこうと動き回る。甲羅を裏返してみたり、水道の水をかけてみたり。攻防は10分以上に及んだ。

すぐ横で、興味津々の親子が、目をまんまるにしてみつめている。琵琶湖の自然の力を、まさに目に焼きつけているのだ。

一瞬のスキをついて、軍手をつけた調理人の手が、すっぽんの首と甲羅のすきまに、はいった。力いっぱい首を握りしめ、もう一方の手で包丁の切っ先を、ぐさっと入れる。胴体から首が切り離される。でも、調理人は緊張をとかない。首はまだ生きているのだ。指を食いちぎろうと動き回っている。手を離したら飛んでいきそうな勢いで、前後左右ぐるんぐるんと動き続けている。まないたに固定し、あたまの先にふたたび切っ先を突き刺した。ついにすっぽんは、こときれた。

このすっぽんを獲ったという若い漁師が、少し前に語っていた「もっとすごいすっぽん」の話が、記憶の中から、ふと頭をもたげてきた。ほんとうは3キロ超のおおものをとったのに、逃げられたという。観念したように動かないので、もう大丈夫だろうと気を許したら、その隙に逃がしてしまった。針をくわえたままの、あっというまの逃走劇だったという。なんという生への執念。3キロ超のすっぽんの首を切り落とす格闘を想像したら、思わず身震いしてしまった。もちろんそれは「おぞましい」身震いではない。琵琶湖に生きるモノたちの「むきだしのワイルドさ」に、勇気をもらった気がした。

## 思い出し、取り戻すべき、琵琶湖の価値

魞《えり》という古来の定置網の漁は、平安京が築かれた頃本格化したらしい。当時の記述があると、駒井さんが教えてくれた。千数百年前から、いわばその時々の「最先端の都人」に食を提供してきた歴史を、琵琶湖はもつ。そういわれると、この湖をいかにも人が管理してきた感がある。〝鮒ずし〟に代表される古来の食文化などを知るにつけ、洗練された印象も強い。しかし、そこに生きるモノたちが「ひ弱な都会人」なのではない。ここは、毎日エサをまいて「生産を管理する」養殖池ではなく、人が「自然のまま」を見まもり、いたわり、魞にはった魚やエビ、筒にはいったうなぎを「おすそ分け」としていただくという「里湖のシステム」がいきづくところ、なのだ。

鮒ずしになるニゴロブナは、春、人が水をはった田んぼに、用水路をのぼってやってくる。田んぼで卵を産み、稚魚になって湖に帰る。人はその営みを、やさしく見守る。

瀬戸内海の岡山・日生《ひなせ》でみた「里海」の定置網・つぼ網と同じだな、と思った。魚の通り道にそって網をしかけ、入ったぶんだけをとる。まわりには、産卵をしたり、幼魚が身をまもったりする「海のゆりかご」アマモの森がひろがる。人はアマモをとって畑にすきこみ、肥料として活用する。そうすることで、海の環境もまた保たれる。

琵琶湖の水草も、肥料として活用されてきたという研究者の著書を読んだことがあるが、今はどうなのだろう。駒井さんが苦労してうなぎの筒から取り除いた大量の藻は、廃棄されたのだろうが。あの藻も、最近増殖する外来種だと、駒井さんはいっていた。

琵琶湖の「里湖」は2022年、世界農業遺産に認定された。魞など、古来の漁などが評価され、注目されている。私が取材をはじめたきっかけも、そこにある。

しかしその評価とは裏腹に、駒井さんたちはむしろ「逆風」にさらされている、というのが客観的な現状のようだ。漁獲高は以前に比べ、かなりおちこんでいる。漁師の高齢化も指摘されるところだが、天然うなぎの会に顔をみせた、その道の研究者でもある嘉田元滋賀県知事によれば、昔ながらの漁にあこがれを抱く若者を積極的に受け入れる開放性は、地元漁協に、必ずしもないそうだ。

伊勢のごちそうを志摩が提供してきたように、桓武天皇の新都建設以来、京都の人びとのタンパク源を、しかも生きたままの新鮮さで供給してきたのは琵琶湖であり、鮒ずしなど湖魚の味は、滋賀だけでなく京都の食文化であるという感覚は、今、残念ながらあまり共有されていない。

戦後、日本の魚食文化は海でとれるもの中心という「思い込み」がひろがったのは、ある種の必然だったのだろう。大きな船に乗り込み、「安価なエネルギー」である石油をどんどん使って行われる遠洋漁業で、世界の海の水産資源をとっては、食べてきたニッポン。一方、水辺には工場が立ち並び、海外から輸入された原料で工業製品をつくっては輸出。その稼ぎで多くの人が生きてきたというのが、貿易立国ニッポンの姿だ。水辺に住む人の数も急増した。だから瀬戸内海も琵琶湖も汚染され、「瀕死の海」や「瀕死の湖」になった。その意味では、里海も里湖も「同じめ」にあった。富栄養化で汚濁した瀬戸内海が、カキやアマモを育てる「里海の営み」のおかげで、長い時間をかけて以前の透明度を取り戻し、目の前の海でとれる水産物が次第に「復権」してきたのは、拙著『里海資本論』で述べたとおりだ。

しかし淡水魚は、そういう道を歩まなかった。さらにひどかった。

戦後、食べるものがなかったニッポン。農業生産を急激にのばすため、大量の農薬が田んぼや畑にまかれ、川や湖に流れ込んだ。淡水の魚の安全性に疑問符がつき、消費者の印象も悪くなった。川に次々ダムがつくられたため、鮎やうなぎが海から遡上できなくなったことも大きかった。水質汚濁で「くさくなった」こともあわせれば「三重苦」に襲われた、といってよい。

しかし、悲観していてもはじまらない、というのが、この稿のいいたいことだ。気候変動の嵐や、食料やエネルギーの高騰に苦しむ現代人こそ、琵琶湖の天然のすっぽんの「あっけにとられるほどの生命力」や、天然うなぎの「ほっぺたがおちるおいしさ」を、琵琶湖の水辺で堪能することの意味を問いたいのだ。

すっぽんやうなぎは、琵琶湖がうけた苦難を生き抜いてきた「戦士」である。

腐ったような異臭を放っていた時代も、誰かが放った外来種のブラックバスやブルーギルが大繁殖して幼魚などを食いあさった時代も生き残り、今は異次元ともいえる台風の相次ぐ到来に耐え、異様に暑い夏も生き抜く野生が、千年も続いた古都・京都から比叡山をこえたところで、確かに「生きてきた」のだ。

私は先にあげた南紀・古座川でも、さまざまな「異常」をまのあたりにした。2023年の11月下旬、滝の拝の宿の少女にふたたび出会った日、川にもぐっていた写真家・内山りゅうさんと、その日私をあちこちに連れて行ってくれた「オオサンショウウオのシンポジウム実行委員長」の男性は、信じられないほど上流まで川を遡上する海の魚の話で盛り上がっていた。スズキや、本来海にしかいないクロダイがのぼってきて、落ち鮎をたべているという。海水温があまりに高いので、水の冷たい川に避難してきたのだろう、とのことだった。

陸上でも、秋とは思えない光景を目にした。鮮やかな黄色の葉がはらはらと散る寺や、真っ赤なもみじをみた、その同じ道の脇で「ひまわり」が大きな花を咲かせていた。ふと見上げると、スギの木に、2月頃につくはずの無数の「花粉のかたまり」が、確認できた。

でも、だからといって悲観を「キメコム」のでは、ない。もうだめだとあきらめている場合ではないと思うのだ。

オオサンショウウオのシンポジウムで、大学生がこんな研究発表をしていた。大水がしばしば起きる川だからこその、オオサンショウウオの繁殖、成長が確認されたと。気候変動の嵐を耐え抜くどころか、逆に利用して生きやすい場所を、あの臆病で動きが緩慢なオオサンショウウオが見つけているというのだ。

天然うなぎやすっぽんを食べる会の参加者たちは、午後、さらに照りつける太陽の下、満足げな表情で談笑していた。

その時、すっぽんをとった若い漁師が、湖に飛び込んだ。水に潜って顔を出し、茶髪をオールバックにして、ぷーっと一息。

水からあがると、流れ込む小川の水で顔を洗って、水浴びは終わり。小川の水で口をゆすぎ、ごくりとひとくち飲んで、いった。

「この川の水は、比良山の谷の水がそのまま流れてきた水だから、飲めるんです。おいしいですよ」

古座川での体験を思い出し、躊躇なく両手ですくって飲んでみた。確かにうまい。しかも、うれしくなるほど冷たい。

「だから、川が流れ込むあたりが、一番冷たくて気持ちいいんですよ」

さすがに飛び込むのは無理だな、という顔で、若い漁師の水浴びをうらやましそうに見ていた面々が、次々に靴と靴下をぬいで「小川の河口」あたりの水に足をひたした。

「きもちいい」「ほんと、すごく冷たいね」。みんな酷暑の中の涼を体感して、大満足の表情。

世間にあふれる気候変動のダメダメ話の「真逆」といえる、琵琶湖をまるごと満喫した、楽しく、おいしく、そして一瞬冷たさもあるイベントは、おわった。

## 「里川」長良川の挑戦　人の力と叡知で気候変動のダメージを克服せよ

京都にいることが多かった2023年、いわゆるインバウンドの外国人観光客が増えたことは、おおいに実感したことだが、コロナ禍前と違うのは、フランス人がずいぶん増えたという実感だ。里山資本主義を発信した地で、今もつながりが深い、広島市の平和記念公園でも、フランスから来た人が多いと、訪れるたびに感じている。

それはなぜか。

日本の「水」が、彼らを引き寄せているのではないか、という気がしている。フランスは今、深刻な渇水や干ばつに苦しんでいる。花の都パリが「干ばつ地域」に指定された。

思えば、NHKの夜のニュース番組『ニュース10』の制作に携わっていた2004年、かつてない猛暑に見舞われたフランス各地をキャスターの森田美由紀さんがめぐる、という企画を提案・制作指揮した。穀倉地帯を縦横にめぐる運河の水位が保てず、国内輸送に混乱をきたしていた。暑い夏がぶどうの糖度をあげ、ワインが当たり年になったことを最終日に伝えて、ワイン好きの森田さんらしい夏の旅は終わったわけだが、それから20年、事態はいよいよ「危険レベル」に達しているようだ。

中国からやってくる人も、コロナ禍前の「爆買い」とは雰囲気の異なる、まじめな雰囲気の親子連れが目立つように思うが、中国でも2022年、それこそ4000年以上にわたって中華文明を悠々たるその流れでみつめた長江の一部で水が干上がったことは、記憶に新しい。

そういうもやもや感が、おいしい水をつかった日本の美食や風情を存分に味わいたいフランス人や、ディズニーシーなどで今も強欲に記念グッズを買い漁る向きとは一線を画し、どちらかといえば大陸を脱出してきたように見える比較的紳士的な中国人観光客を多数目にするにつけ、「ウルトラウォーター」こそ、ポストコロナのインバウンドの切り札ではないかと、思うのである。

今、その価値に気づき、線状降水帯出現による100年に一度の豪雨の恐怖への対策と並行するかたちで、行政が一丸となって「清流の国」づくりを推進するところがある。海なし県のひとつ、岐阜県だ。

岐阜こそ、日本が世界に「川の価値」をしめす重要なキーワードを「国連用語」にしたところだ。長良川の鮎と清らかな水を大切にして暮らす人々の文化を自ら国連食糧農業機関にアピールし、2015年に「里川」の名のもと世界農業遺産として認定をかちとった古田肇知事が、面会に応じてくれたのは、2023年9月のことだった。

県議会のさなかの、知事室。同席してくれたのは、その年、岐阜県初の女性農政部長になった足立葉子さんら「里川政策」の司令塔の面々だった。

時間きっかりに、古田知事がおおまたで部屋にはいってきた。懐かしそうに満面の笑みをうかべ、かたく握手を交わした。よくきてくれた、と何度も繰り返した。

古田さんとは、長いつきあいになる。世界農業遺産認定のためにエネルギッシュに動き回っていたさなか、知事の秘書室からNHK広島のデスクに直接電話をくれたのは、たしか2014年の冬のことだった。受話器をとると「岐阜県知事の秘書です。里山資本主義の井上さんですか。少々お待ちください」との声。そのあと、決起集会をやるからぜひ参加してくれないか、と直接頼まれた。

勤務地だった広島から新幹線で向かった。

会場は、想像を超える熱気に包まれていた。用意された椅子は全部埋まり、外にまで人があふれている。懐かしい顔に出くわした。NHK報道番組のディレクターだった久津輪雅さん。天然木を使った家具づくりを一生の仕事にしたいと、放送の現場を飛び出していった時のことはよくおぼえていたのだが、その後のことはまったく知らなかった。岐阜の森林文化アカデミーという里山・里川のプロの養成機関の教授をしていると自己紹介された。会場の演台に置かれた椅子には、その森林文化アカデミーの創設者である造園家の涌井史郎さん、国連大学上級副学長で世界農業遺産の国内審査を担う武内和彦東大教授。そして古田知事がすでに着席していた。

司会の求めに応じて立ちあがり、ひとこと申し上げた。

「会場の熱気に感動した。ここにいる人たちは、マネーより大切なものがあることを知っている人たちだ。川の自然をいたわり、その価値を知り、豊かさを共有したい。そんなムーブメントを盛り上げていけば、岐阜の里川が、日本や世界を変えていくはずだ」

あれから10年、知事室の椅子にどっかり腰をおろした古田知事は「おれも年をとった」といいながら、「気候変動がすさまじいこの夏、食料やエネルギーが高騰する中にあって、里川では何が起きているのか、どんなことをしているのか、知りたくなった」と申し上げると、身を乗り出して語り始めた。

「海なし県の岐阜をどうやって盛り上げるか考えていたとき、世界農業遺産だと言い出したのは、私自身だ。里山・里海で日本初の認定を受けた直後に石川県知事に会いにいって、世界をひきつける能登の魅力とは何か、じっくり話をきいた。その時、里川というキーワードでアピールしたらいけるんじゃないか、という着想を得た。審査のキーパーソンときいていた旧ユーゴスラビア出身の、独特の雰囲気をもった男と直接会って、話した。細かいことはいってない。絶対いけると思う。強い思いをこめて、手をあげたい。それを伝えに来た、といった。答えが出される日、その人物が、いた。その目を見て、いけたな、と確信した。その通りの答えをいただいた。だからまさに今、里川・長良川を持続可能にする。清流の国づくりをする。なんでもみてもらって、また意見をききたい」

知事室にかかっている写真などには、まさに知事の「思い」や「思い出」がつまっていた。天皇皇后両陛下を迎えて行われた植樹祭の話も出た。

「川を豊かにするとは、木を育て、山を豊かにすることだ。だから植樹祭なんだ」

瀬戸内海の里海で、漁師や専門家や、学者や中学生がみんなでいっていた言葉と、同じ思想。里海を育てるのは、豊かな山だ。カキは、川から海に流れ込むミネラルを栄養にして育つ。海のゆりかごも、同じ原理で育つ。だから漁師は、山の手入れもする。

里山・里海を世界に知らしめてきた能登では、漁師が、田んぼや畑の仕事もする。山の手入れもする。共有する記憶、歴史と伝統が、この国にはある。

植樹祭の翌年、整備したという会場でのトークイベントに呼んでいただいたときの記憶がよみがえってくる。近畿と同じく大河が3本流れるこの地域の「顔」といってよい俳優の竹下景子さん、テレビでもおなじみの造園家・涌井史郎さんと並んでトークするという「分不相応」は禁じ得なかったが、昼食を両ご夫妻とご一緒し、長良川自慢の様々な鮎料理の美味を堪能させていただいたからにはと、思いつくまま話をさせていただいたら、竹下さんが絶妙に合いの手を入れられ、涌井さんが名人芸でひきとってくださって、なんとか役割を果たすことができた。あのときも「イベントの企画者」は古田知事自身だった。終了後の、舞台のそでで、いつものかたい握手で、迎えてくれた。

日本でも数少ない「ダムのない大河」長良川の、世界が認める価値。それを「里川」と呼ぶ。観光の目玉である鵜飼いや鮎料理に欠かせない、鮎。毎年海から川をのぼり、またくだって産卵するその生態や、漁をしながら見守り、受精の手助けをする川漁師の存在。上流の郡上八幡では昔から、ふんだんにあるきれいな水を、丁寧に何度もつかってから、川に流す。悠久の時をへてもつづく、素晴らしい「遺産」だ。

しかし、異次元の気候変動はその「持続」に待ったをかけているという。

だからまさにことし、全力で「対策」に乗りだした。いいタイミングで来てくれたと、知事は語った。


事前にいわれていた「意見交換」の時間は20分。あっという間に、1時間がたっていた。「知事、そろそろ終わりの時間です。議会の準備、お願いします」と、秘書にせかされ、かたい握手のあと、古田知事はまだ言い足りないという表情で、知事室をあとにした。

「手を打ち始めた」とは、どういうことか。知事から手渡された数十ページの冊子を、じっくり見てみることにした。

## 清流の国を持続させる「4カ年計画」

冊子のタイトルは「岐阜県水産業振興計画　岐阜県の天然鮎・漁協の現状と施策」。対策期間は、令和5〜令和9年度。まさに始まったばかりの計画が記されていた。

異次元気候変動がもたらす、すさまじい影響が、事実として記されている。

「長良川では、10年後（R13）には、漁獲量は83トンまで半減。さらに、悪化要因の一つでも放置すると、鮎漁場は存続の危機。GIAHS（世界農業遺産）認定維持が懸念」

「少なくとも現状の放流量400万尾を維持できないと、鮎の遡上が少ない年には、漁獲がなくなることも想定。放流量500万尾以上が必要」

せっかく認定を受けた世界農業遺産を、やがては返上するしかないほどに、鮎がいなくなると予測されているのだ。

雨が「降ればどしゃぶり」となり、大量の水と土砂が海に流れ込むようになった2016年頃にきいた、三重県の川の河口あたりの砂の中にくらすアサリが壊滅状態になっている、という話を思い出した。

しかし鮎の場合、原因は気候や自然現象だけでないようだ。ある種の「人為的」な問題もあると指摘されている。漁業者の、高齢化と後継者不足による減少。遊漁者もここ数年減り続けている。漁獲が減ると、鮎の市場価格がはねあがって、買われなくなるということも起きる。収入が減ると、放流量を減らさざるをえなくなり、そうすると鮎が釣れないとなって遊漁料収入が減る。放流鮎の生産が減って、また価格高騰を招く。

いわゆる「負のスパイラル」が、苦しい現状をさらに苦しくしているというのだ。

さらに温暖化は、「鮎の種類」にも加速度的変化をきたしているとの指摘も記されている。釣り人が喜ぶ「大きな鮎」は、はやい時期に遡上して、川でコケをたべて大きくなる「早期遡上鮎」。どんどん釣られると、子孫を残す鮎がほとんどいない、という状況に陥る。一方、おそい時期に遡上する「晩期遡上鮎」は、釣れ残りがおおくなるため、子孫を残す確率が高い。結果、ホントウはたくさん残って欲しい早期遡上鮎がいなくなって、晩期遡上鮎ばかりになりそれが年々、ということになって、「ねずみ算式」に晩期遡上鮎に置き換わっているというのだ。

まさに、踏んだり蹴ったり。

資料によれば、平成25年度の推計で、木曽三川の遡上数1214万尾のうち長良川は660万尾（54％）、揖斐川122万尾（10％）、木曽川432万尾（36％）。長良川での鮎の漁獲はピーク時の平成4年の1029トンから令和3年に231トンまで激減。10年後の令和13

年には83トンまで減少の見込み。40年で実に5分の1という急落。驚きを通り越した惨状である。

木曽三川の中で、鮎の遡上、漁獲がもっとも多い長良川から、鮎がいなくなるかもしれないという気候変動のインパクトに、複合的な要因がからみあうかたちで、事態を悪化させ続けている。

しかし、だから「もうだめだ」という話ではもちろん、ない。

分析は、悲観して絶望するためにしたのではない。なんとかもちこたえ、反転攻勢の計画をたてて実行するためにしたものだ。

奈良時代から続き、織田信長などに庇護されてきた鵜飼いの伝統を絶やしてならないという決意も示されている。

冊子の後半には、「頼もしいプラン」が示されていた。

長良川全体の鮎の資源量を、現在の500万尾から1000万尾に倍増させる。

放流量を、資源量の目標である1000万尾を担保できる500万尾にする。さらに、遡上鮎500万尾のうち、友釣りの対象となる早期遡上鮎を、現在の約100万尾から300万尾増加させ400万尾にする。

さらに、昔ながらの鮎の友釣りだけでなく、アマゴの中で鮎同様に海にくだって遡上し大型化する鱒・サツキマスとか、上流域で珍重されるアマゴとか、ヤマメやイワナも射程に、ルアーとかキャッチ・アンド・リリースとか、多様な釣り方、様々な愛好者を呼び込もうという施策を行ったり、釣りや水遊びができる場所の整備をしたり。大規模な観光ではなく、家族連れとか単独行動の外国人観光客などにアピールする「サスティナブル・ツーリズム」の振興。戦後、川が遊び場としての地位を大きく低下させ、鮎などの川魚を食べる習慣、あるいは愛着がなくなった歴史をも、この際、反転させようという意気込みが示されている。確かに、それなしに「清流の国」との看板は、輝かないだろう。

イタセンパラやハリヨ、ネコギギ、オオサンショウウオなどの希少生物も、川の整備や水質悪化の防止などによって守っていくことにも、言及している。

漁業者を、ただ魚をとる人としてではなく、ごみを拾ったり、鮎が棲みやすい川の環境を整える人とし、行政がタッグを組んで共に闘う存在として位置づけている。長年の漁師の知恵や勘と、科学的な知見や技術をあわせれば、この目標を達成できるとしている。

川漁師こそ「里川」に欠かせない存在である。彼らが川の様子を常に見て、いろんな形で手を加えてきたから、長良川の今の豊かさがある。世界農業遺産で川漁師が評価されたのは、はじめてのことである。「里海」を支える各地の海の沿岸の漁師がふつうのこととしてきた「ただ獲るだけでなく海を見守りいたわる営み」が、欧米の人びとを驚かせ、学ばせ、やがては世界の新たな常識になっていったことと同じ、日本ならではの自然との関係の高さ。どうやらそれが、気候変動の時代に持続できるかどうかのカギを握っているようだ。

長良川の川漁師に、会いたくなった。

## 長良川のすさまじく濃い魚影と、漁師のすごい経験知

2023年11月24日の朝、JR岐阜駅からタクシーにのり、長良川漁協の事務所に向かっていた。実は「半信半疑」な気持ちでいた。岐阜県・里川振興課の塚原清香係長と連絡をとりあった結果、落ち鮎漁は11月いっぱい行われていて、この日、漁師は現場にいるという。しかし、さすがにこの時季になると、漁も最後の最後。「開店休業」の状態かもしれない、とのメールをみての現地入りだった。それでも訪ねたかったのは、異次元の酷暑となった2023年の鮎漁はどんなだったか、実際のところをきいてみたい、見てみたいという思いがあったからだ。

タクシーのベテラン運転手さんの、自分も鮎をとった経験があれこれあってという、いかにもこの地域らしい話をききながら、川のすぐそばにある長良川漁協の事務所に着いた。タクシーをおりると、ちょうどそこに、里川振興課の塚原さんの運転する車がやってきた。事

務所には、ぽつんとひとり、若手の組合員と思われる方がいらした。

まずは今回訪ねた趣旨を説明した。

「これから1年くらいかけて、長良川の鮎や、清流にまつわるいろんな現場を取材したい。ついてはまず、あまりに暑かったことしのうちに、一度ご挨拶かたがた現場をみておきたいと思って」

なるほど、という顔で、「では、私の車で現地に一緒にいきましょう」

浅野さんという若手の車の助手席に乗せてもらい、現場に向かった。車は、川のきわの空き地にとまった。向こうの川の中に「瀬張り」が見える。何人かのベテラン漁師が、川と空き地を行き来していた。

出会い頭で挨拶した、ひとりの超ベテラン漁師。

「そうか、きょうは挨拶か。これからじっくり取材するんだな」

それなら相手をしてやるよ、という柔和な表情になって、服部さんとおっしゃるその方は、ほれぼれするような口調、リズムで語りだした。

ご自身も含め、多くが服部姓だという。服部とは、奈良時代かそれ以前に高い技術をもってこの国にやってきた渡来人の姓だから、そういう流れをくむ方々なのだろう。鵜飼いも奈良時代から、だというのだし。

長良川のこの場所こそ、日本の鮎漁における「一丁目一番地」のような場所だときいて、驚いた。ここでとれる鮎が、すぐ近くにある市場にかかる。そこで決まる値が、全国の基準になるという。

しかも川幅が200メートルもあるこの場所に設置された瀬張りが、秋、川をくだってくる鮎をうけとめ、卵をとって受精させ、漁師の手で孵化させて川に放つ昔からの「拠点」だという。それが毎年の鮎漁の「基点」である。だから清流・長良川は鮎の川として、悠久の歴史を保ってきたのだ。その伝統、環境を、科学者や専門家でも行政でもなく、漁師が守っているのだ。11月下旬のこの時期は、さすがに鮎の数は減った。でも、中にはいい鮎もいる。その子孫を残そうと、漁師は手を抜かない。

異様な酷暑になったことしは、どうだったか。こたえは、拍子抜けするほどあっさりしていた。別に、いつものとしと変わらない。夏はいつも暑い、でも川辺は涼しい風が吹く。それに、漁師は鍛え方が違う。鮎も、いつもどおりの数。おちこんだりしていない。

ちょっと用があるから、といってどこかに行かれたあと、空地のまわりの草刈りをしていた弟さんにも話をきいた。その草刈りも、毎年何回もするという。川のまわりの整備も漁師の仕事だという「確固たる自負」が、その言葉にもみえた。人間だけではなく、川でえさをとるイタチなどの動物たち、鳥の仲間の様子もみているし、その面倒もみているのだという。

こんなことも教えてくれた。終戦前のある時期、全国ではじまった「鮎漁師の登録」を、一番先にしたのが彼らの祖父だった。第1号の番号をもらった。それが自分たちの「源流」である。誇らしげな表情が、印象的だった。

そして、さらに語った。自分たちベテランは、先輩たちから受け継いだ「子孫の残し方」を忠実に続ける。それに加えて、この頃は漁協の若い世代が「最新の科学による方法」を洗練させている。だからこそしも、鮎は減っていない。むしろここ数年では、一番よかった。

下流の河口堰のところに特殊なセンサーを設置。そこを鮎が通ると機器が反応して捕らえ、人の手を介さずに鮎の卵を確保する仕組みが確立しているそうだ。数年前からその管理を、私を連れて来てくれた浅野さんが担っているという。頼もしい後継者だと、にこにこしながら語る表情が印象的だった。

そこへ、お兄さんの服部さんがかえってきた。私の姿を見つけ、張りのある声でひとこと。「まだこんなところでぐずぐずしてたのか。長良川の鮎をみてかえらないと。川へいくよ」

年齢を感じさせない大股で、坂をくだっていく。ムービーカメラをもって、追いかけた。

大きな木の箱が、岸のすぐ近くの水中にいくつも沈められている。そのひとつをのぞくと、鮎がうじゃうじゃ。箱ひとつで数百匹はいるだろうか。春から夏の青みを帯びた姿とは異なる、茶色がかったシャープな色合いも、これはこれで魅力的。服部さんは、鮎がからみあうように泳ぎ回る箱に手をいれ、これだというものを選んでは、別のかごに移していく。魚体がおおきければいい、というのではない。腹がぱんぱんで、少しおしてやるとおしりのあたりから卵がとび出るような状態のメスを一瞬で選び取る。それを採卵にまわすのだそうだ。

「ほれ。卵がみえるだろう。これがいい鮎。どう、撮れたか？」

あまりの素早さ。急いでピントをあわせる。撮れた、とうなずくと、ポイと投げて、また次の鮎に手をのばす。動きに一切、無駄がない。

この前もフランスのテレビ局がきて、インタビューして、この作業を撮影して帰ったそうだ。非常に満足していたとのこと。来るものは拒まず。いつも丁寧に解説する。だからお話しっぷりまで達人レベルなのだ。

現場で鍛えられ、すべてを学んで身につけた最後の世代といっていい70代の自分たち世代が元気で川に出られるのは、そうはいってもそう長くない。興味をもってくれる人に語り、ホンモノを見てもらうこと。そうやって理解者、あるいは応援する人を少しでも増やしていくことが、長良川の鮎の未来を考えると大事になってくる。服部さんは、しみじみとそう語った。

それにしても、なんという鮎の数だろう。ベテラン漁師仲間が、たまに網をうつと、数匹から10匹くらいは確実にとれる。川の端から端まで、しかも船が行き来できるよう一定の間隔をあけて18メートルずつ20本はられた瀬張りによって、海を目指しながら下流にいけない鮎が群れをなす。そこに網をうつ。

投げた網の描く放物線、きれいに丸くひらくさまの、また美しいこと。これだけみても、確かに彼らは、達人である。

ちょうど同じ時季、落ち鮎漁を見せてもらった南紀・古座川では、鮎の数が少なくなっているため、一度網を打つと、数分から時には十分以上待って、次の網をうっていた。古座川の場合、流れる水のきれいさとか、両岸が手つかずの岩だったり森だったりする割合の高さとか、川自体の「自然度」は圧倒的だが、鮎に関しての人の手の加わり方としては「自然任せ」という面が強いのだろう。

同時期の取材で、琵琶湖の漁師・駒井さんも、気候変動によるとみられる資源の枯渇に直面していた。12月になると、養殖用として各地に出荷される鮎の稚魚・氷魚《ひうお》の漁が始まるが、漁協などが事前に行った調査では、琵琶湖の氷魚の数は例年の10分の一という結果が出たという。琵琶湖も、水質などの改善はみられるが、鮎の数を増やすための本格的な施策といったものは、それほどうたれていないのが現状のようだ。

長良川ほど徹底した資源管理は、むしろ珍しいことなのかもしれない。岐阜県の分析のような「雪崩式の資源枯渇の恐れ」がもし全国共通のものなら、この先進的取り組みを全国に敷衍して行うべきだと思うが、気候変動が異次元のレベルにあがる中で、果たして間に合うのかどうか。

岸近くの浅瀬に沈められた、いくつもの箱。それぞれの箱が鮎でいっぱい。9月から10月の落ち鮎の最盛期のさまを思い浮かべるだけで、なんだかうれしくなってくる。採卵用以外は、食用にする。冬場に服部さんの店などで出すのだという。このあたりは水底が砂地で、多くの鮎は砂を食ってしまっている。すると食べるときじゃりじゃりして、うまくない。獲ったあと3日間くらい箱で泳がせておくと、砂をはく。これも、長年の漁師の知恵だ。

知り合いのお年寄りが、鮎をもらいにくる。ザルなどに気前よく何匹も入れて、手渡す。「こんなに暑いともう長くは生きられない」という知り合いに、「長良川の鮎を食べれば元気が出る。来年ももらいにきてよ」と、服部さんが声をかける。

清流の国の主役である鮎を、川から鮎をいただく豊かさを「持続」させなければと、改めて思う。気候変動がどんどん過激化するから、異次元の暑さだから、線状降水帯の大雨が川をいためつけるから、などと適用な言い訳を並べて、減っていくのをむざむざ傍観などしているわけにはいかない。その思いを強くしたのは私だけでなく、取材の同行のため、この場所に初めてきたという里川振興課の塚原さんも、同じだった。私が服部さんに鮎をみせてもらっている間、若手組合員の浅野さんとじっくり話したとのこと。科学的な採卵の効果を実感できたと語った。同時に楽観は禁物だという情報も得ていた。2023年の結果でいうと「数的」にはマイナスとならなかった長良川の鮎。しかし「魚体」をみると全体に小さくなったというのが現場の実感だ、と教えてくれた。

再会を期して、服部さんたちと別れた。

そこここの堤防では、国土交通省が国土強靭化の名のもとで工事が行われている。異次元気候変動の時代には欠かせない工事だ。

橋の上からのぞくと、驚くほど水が澄んでいる。沿岸に数十万人が暮らす県庁所在地・岐阜市の川の水とは正直思えないほどの、清流。ちょうどお昼で、快晴の空からほぼ直角にさしこむ太陽光で、浅瀬は特に透明度がきわだっている。川底の石がゆらゆらと光って美しい。古田知事が今も情熱を燃やすわけが、直感的に納得できた。

川には、長い釣り竿を器用にあやつる一般の釣り人の姿も見られた。塚原さんによれば、昼休みなどにちょっと釣りに、とやってくる市民も結構いるとのこと。空には、おこぼれをいただこうというのか、とんびの姿。何羽もが、低空飛行で長い時間、川の上で旋回をくりかえしていた。

さらに少し上流の関市あたりにも足をのばして、長良川独特の文化をみてみよう。服部さんの店で「冬の鮎」もいただきたい。そんな思いをもって、岐阜市をあとにした。

## 元祖・里山資本主義の地、広島のやまあいで始まった「里川の考察と実践」

それにしても「里川」の取材に、なぜ本気で乗り出したか。

実は、こんなことを面と向かって、私にいった人がいる。

「里山、里海とくれば、里川でしょう。里川に取り組んで、魅力的な突破をみせてもらいたい」

里山資本主義の「発祥の地」といっていい、広島県のやまあい。庄原と三次《みよし》。

この地で、正論をはき続け、大多数が唱える「田舎ダメダメ論」にはけっしてくみしなかったひと。ふるさとが一番といい続け、「外では地域振興を唱え、家に帰ると、おまえはこんなところにいてもダメだから東京に出ろ、都会に出ろという二枚舌」に、声高に、しかもとんでもなく明るく持論を展開していた「ミスター里山資本主義」。

故・和田芳治さんである。

しかも、この「里山、里海、ときたら里川」という素晴らしいうたい文句は、庄原市に合併される前の旧総領町・教育長をつとめた和田さんの「恩師」のうけうりだという。

ごくごく日常的な会話から、遠大としかいいようのない「取材」は、はじまった。

――あした、来られます？

直截な質問の声が、受話器のむこうからきこえた。

――さすがに、今、東京で働いているので。

そうかえすと、

――そうですか！　ちょっと待って。

電話がきれる。

数分あとに、また携帯電話が鳴る。

――すばらしいタイミングでした！「水曜」がちょうど先生の誕生日で、関係する方々が、顔をそろえるんですねえ。

きょうは「月曜」。まだ格安航空券の予約は間に合うし、なんとかなる。

私は、その「重要な誕生生会」のあと、大学時代にそれなりに勉強した、民俗学者・宮本常一と東京大学教授・網野善彦などの著作に、およそ2カ月「格闘」することとなった。

私がこの稿に取り組もうと決意するうえで欠かせない存在である「先達たち」が残した言葉を少々提示しておきたい。

「先達の先頭バッター」は岡本太郎、である。

## 里山資本主義の奥地にやってきた岡本太郎

岡本太郎、を知っているだろうか。大阪・万博公園にそそりたつ「太陽の塔」や塔の内部の「生命の樹」、東京・渋谷駅コンコースの壁一面にかかげられる巨大絵画「明日の神話」をつくった、スケールのとてつもなく大きな人だ。

岡本太郎が、戦後50年うちこんだ「縄文発見」、そして「縄文探し」とはなんだったか。

太郎が青春の日々を生き、骨をうずめると誓った街、フランス・パリ。そこに襲いかかったのが「第二次世界大戦」の嵐だった。ナチス・ドイツの軍靴の音が迫っていた。太郎は、断腸の思いで「故郷」を捨て、日本人をフランスから脱出させる「最後の船」に乗った。

戦後、焼け野原となった東京で、太郎は、「日本人として、日本のホントウのよさを見つける」と動き出した。日本の画壇なるものの「いやったらしい」しばりやいじめや、そんなものはものともしない。秘書として、パートナーとして半世紀を共に歩んだ敏子は、太郎の死後、ふりかえってこう書いた。

象徴的な言葉と、行動と、作品によって、猛烈な戦闘を開始した。

（岡本敏子著『岡本太郎に乾杯』）

太郎自身、原点ともいうべきひとつの体験について語っている。大戦前、きなくさい空気が充満していたパリでの万博。スペイン館にかかげられた、友人パブロ・ピカソの「ゲルニカ」を見た。故郷スペインの街を襲ったナチス・ドイツの無差別爆撃。叫ぶ人、泣く人、逃げまどう人や動物。ピカソ独特の筆致で、許されない蛮行、殺戮が描かれていた。太郎は、この絵の力、人や社会に直球を投げ込む「芸術の力」に衝撃を受けた。

そして、これを超えると誓った。

「わび」とか「さび」とかいうんじゃない、もっとオリジナルで力強い「日本らしさ」があるはずだ。太郎は、探しつづけた。

終戦から6年後の1951年、東京・上野の国立博物館で「あった！」と叫んだ。「火焔土器」と呼ばれる縄文土器との出会いである。

驚いた。こんな日本があったのか。いや、これこそが日本なんだ。身体中の血が熱くわきたち、燃え上がる。

（『岡本太郎の宇宙2　太郎誕生』）


しかしその時、縄文土器は「考古学の資料」として展示されていた。

これこそ、日本人がうみだした「最高の芸術」じゃないか！

太郎の「大きな声」が、考古学の資料を「国宝」に押し上げた。

すると「目に分厚いウロコがへばりついていた」多くの日本人が、「美しい！」といい出した。

太郎の「戦後日本人の目からウロコをはがす大作戦」が始まった、といってよい。

太郎と敏子は、「今の日本に残る縄文」をこの目で見ようと、東北へ旅立った。

およそ縄文とは思えないものまで、わざわざ見に行っている。

そのひとつが、広島の山あいでおこなわれていた「花田植え」。

太郎自身、こう述べている。


農耕文化というものが、どうも私の性にあわない。そんな気がしていた。あの平たさ。

（『神秘日本』）

ところが、太郎と敏子は、いっこうに満足しない。タクシーをとばして、さらに奥の比和という山里に向かう。

そして、「山の民」の男たちが、田植えに励む「早乙女」に歌をうたい、誘っていたことを突きとめていく。数十年前の「大きな声の人との宴」に同席したという古老は、「エッチな歌」と、表現した。

なぜ太郎は、一見すると「弥生以降の年中行事」の中に「山の民の縄文ダイナミズム」を見出したのか。「エッチな歌」に気づいたのか。

民俗学の巨人・宮本常一が「道案内」したからだというのだ。

こともなげに、私を乗せた車の中で語ったのは、私が「ミスター里山資本主義」と呼ぶ、和田芳治さんだった。私がポロッと「岡本太郎の番組取材をしている」といったら、「太郎はここにきたよ」と教えてくれたのだ。

太郎は、宮本常一のこんな著作を読み込んだうえで、広島の山あいに分け入ったと、私は見ている。

戸河内はささやかな盆地の中心地になっていて、（中略）砂鉄精錬用の木炭は、主としてこの周囲の山々で焼いたものである。雑木がよく繁り、西方の五里山には、いまもオノを入れたことのない原始林がみられ、その木材を利用して那須のような木地屋の村もできていた。（中略）タタラ師たちの定住した村で、昭和30年ここに調査にきたことがある。村の長老たちに集まっていただいて一晩話を聞いたのだが、語るほうの息をはずませての話につい夜がふけた。

タタラ師たちはバショ者ともいわれた。山から山を転々として歩くので家も掘立小屋住まいであったが、金銭収入があるので気まえもよく、あそぶことはすきだという。田楽団を組織して、田植え時期には百姓所へ田植え歌をうたいにゆき、（中略）たのまれて島根県の浜田近くまで興行にいったことがあるという。

よもぎ屋の家の田の畦には、イナグイがならんでいる。ここに横木を六段くくりつけて稲を干すのである。イナグイはクリの木がよいという。イナグイばかりでなく、建築用材にももとはクリが多く、百年以前の家は、ほとんどクリで建てられているという。

クリの木とは「縄文」である。青森・三内丸山遺跡にそびえる「高さ40メートルのクリの掘建柱」を思い出してもらえばよい。大英博文館をはじめ、欧米の研究者が「謎」だとする、農耕もせず、エジプトやメソポタミアと同じように定住していた縄文人を「食わせていた」

のが、この「40メートルものクリの大樹の林」である。
宮本常一は、こんな見解をつづっている。

本当にわれわれのみつけたいのは民衆の中にある生きるためのエネルギーと、その生き方である。それは山の中にあっても、また海の中の島にあっても、遠い昔であっても、共通した法則があり流れがあったと考える。そういうものは昔だから劣っていたわけではない。

（宮本常一『庶民の発見』）

同席した古老が、「なんてエッチな人なんだ」とあきれたほど、「エッチな歌」についてき続けたという太郎の執念。ここにくるまでに、何度も読み返したであろう常一の著作が、岡本太郎の「縄文の旅」を支えていたのである。

## 日本中を「歩き」続けた民族学の巨人・宮本常一

宮本常一は、明治40（1907）年、山口・周防大島の農家に生まれた。祖父のふとんにもぐりこんで寝るのが好きだったという。祖父や祖母や父や母は、毎夜「よなべ」をしていた。自分たちで履く藁草履《わらぞうり》を全部自分でつくっていた。原材料は、家の田んぼの稲藁だった。

それでも、つくったコメはほとんど自分たちでは食べなかった。

この「貧しさ」から脱出することが、常一の生涯をかけたテーマだった。

大阪に出て、小学校を卒業した。ある小学校の校長にみこまれ、臨時の教員になった。

身近なこと、庶民の文化をテーマに文章を書くのが趣味だった。

それが、日本民俗学の泰斗・柳田國男の目にとまった。

しばらくすると、もうひとり、民俗学の大物が京都に来て、この人物の弟子にもなった。

この「師」は、東京の自宅に常一を招き、寄宿させて、全国各地の庶民の暮らしを「歩いて」ききとり、庄屋の家などに残る古文書を書き写させるという地道な調査を、物心両面で支えた。夜9時まで働いたあと、朝まで常一と語り合い、民俗学の知恵を自らの中に積んでいった。

師の名前は、渋沢敬三。日本の資本主義の父といわれる渋沢栄一の孫で、正当なる後継者である。

大学時代、動物学に熱中していた。しかし、祖父に口説かれ、銀行家・実業家の道にすすんだ。しかし、本当にやりたい学問への未練もあったようだ。

敬三は、自宅である邸宅の屋根裏で、勉強会を開くようになった。それが、後に宮本常一ら若手の民俗学者がつどった「アチック・ミューゼアム」だった。アチックとは「屋根裏」を意味する。

それにしても、常一の著作を読んで印象的なのは、敬三も常一も、おそろしいほど「眠らない」ということだ。

敬三は、祖父が設立した大民間銀行・第一銀行の副総裁だった。夜9時に帰宅する。その後、着物に着替えて、朝まで常一の話に耳を傾けた。

常一が心配している。あんなに寝なくて、大丈夫だろうかと。

そういう常一もまた、眠らない。

年に200日も地方を「歩く」。昼間は、まさに歩きっぱなし。夕方、人づてにきいた「その地域の歴史、文化に詳しい古老」の家を訪ねては泊めてもらい、夜中までじっくり話をきく。老人が疲れて寝ると、その家に代々伝わる古文書を見せてもらい、朝までかかって必要個所を書き写す。

ひたすらそれを繰り返すフィールドワークである。

九州の北、朝鮮半島のプサンがすぐそこに見える島。対馬では、こんな「超人的な歩き」をしたと、みずから記している。

海ぞいの道をあるいていると、馬にのった三人が後から来て威勢よくかけぬけていった。（中略）後ろ姿に見とれていたのはいいが、たちまち見えなくなってしまった。（中略）畑ではたらいている人に馬へのった人は通ったかときくと、「えらい勢いでとばしていきました」という。
こうして道をあるいていて思ったことだが、中世以前の道はこういうものであっただろう。細い上に木がおおいかぶさっていて、すこしも見通しがきかない。（中略）あるいているとどこかで人の声がする。（中略）その峠の上で、木に馬をつないで三人はまっていた。（中略）
道は川にそうて下る。そして時には右岸を、また時には左岸を、川岸にすこしでも平地のある方を道はとおっている。（中略）右岸から左岸へ、左岸から右岸へと川をわたらねばならないことが多いが、私はそのたびに靴と靴下をぬぎ、ズボンをまくってわたった。馬上の人たちはしぶきをあげて川を横切る。私は川をわたるとあわてて足をふき靴下をはき靴をはき、もうずっとさきまでいっている馬のところまで走るのである。まったく息がきれるほど苦しい。実は昼飯をたべていない。（中略）
とうとうヤケクソになって川をわたるとき、顔をつけておもいきり水をのみ、着ていた開襟シャツもズボンもぬいで、下着のシャツとサルマタだけになった。（中略）開襟シャツとズボンをまるめて、バンドでくくって肩にかけ兵隊のドタ靴をはいたいさましい姿でまた走り出した。

（『忘れられた日本人』の、対馬にて）

常一は、渋沢邸の「アチック」に戻ると、膨大なききとり、書きとりの整理をして、資料化する。そしてその成果を、夜9時に銀行からかえってくる敬三を待ち構えて、ひたすら話す。敬三も興奮して質問するから、結局また朝になる。

## 鉄人・民族学者の志をついだスーパー東大教授・網野善彦

しかし「鉄人」と呼んでいい常一も、不老不死のスーパーマンではない。

常一は、ふたつの「大きな発見」を、後継する「若き才能」に託す。

能登の大きな家・時国家に残された膨大な古文書と、中世の頃、庶民と共に歩きながら説法した高僧・一遍上人の姿を描いた絵巻が、それだ。

怒涛の研究でそれを読み込み、分析して新たな地平をきりひらいたのが「日本中世史の第一人者」で、日本歴史学に数千万人の「一般人の歴史ファン」を取り込んだ、ダントツのエース、網野善彦・東京大学教授だった。

網野は自ら、常一を師とあおぎ、「まぶしい存在」だったと語ったうえで、遺志を継ぐ決意を述べている。

私は宮本常一氏から直接、教えをうけたことがほとんどない。最初にお目にかかったのは、一九五〇年から私の勤務することになった日本常民文化研究所（※アチック・ミューゼアムをひきついだ研究所）の月島分室であったことは間違いなく、ときどきこの分室に姿を見せた宮本氏の日に焼けた明るい笑顔は、私の目に焼きついている。（中略）
民俗学の世界では、民俗学者は文献に頼ってはいけないとされ、ときには文献資料は読んではならないとすらいわれたことがあったと聞いている。（中略）しかし、私は本書を読んで、民俗学者としての姿勢を徹底して貫き、広い調査、フィールドでワークを積み重ね、民俗・民具資料についての深い造詣を持つ人が文献に接したときに、どれほど豊かなものをそこから汲みとり、またそれに触発されることによって、文献のみに閉じこもっている研究者には到底思いつくことのできない、すぐれた新しい発想を展開しうるのかを、よく知ることができた。（中略）
民俗学・考古学・文化人類学・文献史学等の分野を問わず、いま、われわれ学問に携わるものは、（中略）宮本氏が果たそうとしてついになしえずに終わった、新たな日本文化論、日本社会論を自らの力で展開し、それを描ききるべく、それぞれに全力をあげなくてはなるまい。

（宮本常一『日本文化の形成』の解説）

あふれる決意を胸に、網野は実際、どんな研究をして、著作にのこしたか。

網野が一貫してとり続けた姿勢。それが「よわきもの、ちいさきもの」へのやさしいまなざしである。「もっともしいたげられてきたもの」の文字にならない歴史こそ日本の歴史であると言い切った。支配する側の書いた歴史にはびこる「たてまえ」や「うそ」を看破し、ホントウの事実の積み重ね、「縄文以来、庶民が受け継いできたこと」に真実や価値をみようとしたのである。

網野が書いた「通史」は破格であり、痛快ですらある。

『日本社会の歴史』と題してこれからのべようとするのは、日本列島に人間社会の歴史であり、『日本国』の歴史でもないし、「日本人」の歴史でもない。これまでその『日本史』は、日本列島に生活をしてきた人類を最初から日本人の祖先としてとらえ、ある場合はこれを「原日本人」と表現していたこともあり、そこから「日本」の歴史を説きおこすのが普通だったと思う。いわば「はじめに日本人ありき」とでもいうべき思い込みがあり、それがわれわれ現代日本人の歴史像をたいへんあいまいなものにし、われわれ自身の自己認識を、非常に不鮮明なものにしてきたと考えられる。

まずこのあたりまえの事実をはっきり確認したうえで、日本列島、さらに遡ってアジア大陸の東に大きな湖を抱いて海に接する長大な陸橋に生活しはじめて以来の人類の社会の歩みを、アジア大陸全体、あるいは日本列島となってから以後も海の道で密接にむすびついていたアジアの諸地域との離しがたい関係の中で考えてみたいと思う。

唐と新羅の連合軍との戦いに敗れ、侵略される危機感の中で「中国にひけをとらない国家建設」を急いでいた七世紀に「日本」と自ら名乗った「古代国家」が、どう変質していったか。網野は、「新時代の奔流」を丹念に追いながら、その中に生まれ、増殖する「国にとっては、ある意味『異質』だが、自由度が高く活気のある存在や動き」に、まなざしを向けていく。

八九七年（寛平九）、宇多天皇は三一歳の壮年でありながら、一三歳の醍醐天皇に位を譲った。（中略）醍醐天皇に対しては、すべての政務を藤原時平と菅原道真を通して行うことを命じていた。（中略）しかし文人の出身でありながらも右大臣にまでなった道真の昇進はきわめて異例なことで、（中略）これは時平をはじめとする藤原氏の人びとの強い反発をよびおこした。（中略）突如、大宰権帥（※九州・大宰府の役所で二番目の役職）に左遷され、翌々年には自らの悲運を嘆きながら大宰府で没したのである。（中略）

醍醐天皇は『古今和歌集』の編纂を紀貫之（中略）らに命じており、（中略）天皇の主導の下に編纂された最初の勅撰和歌集であった。（中略）紀貫之は（中略）和歌を新しい詩としようとしており、（中略）はじめてそれを平仮名の和文に活かしたものとして注目される。実際この前後、残存する最古の仮名の物語といわれる『竹取物語』や、（中略）貫之自身、（中略）土佐守（※今の高知県をおさめる最上位の役人）の任を終え、海を渡って帰る途中の旅の経験を記した『土佐日記』を、女性に仮託して平仮名で書いている。さらに平仮名を常用しはじめた後宮の女性たちのなかからも文学作品の生まれる機運があらわれており、仮名文学はこのころから急速に発達しはじめた。

このようにこの時代は、（中略）律令風の政治から王朝風の政治、唐風文化から国風文化への移行を象徴する出来事がおこった時期であったが、（中略）そのなかで、兵《つわもの》、武勇の輩《ともがら》の成長する道がひらかれていった。

さらに網野は、国家の大きな変化は「神秘的なものを含む社会の変質・世俗化」であったと指摘することを、忘れない。

　戦乱による社会の動揺、疫病の流行、大暴風雨など、天災・飢餓がうち続くなかで、（中略）自然と社会との必然を一時的に崩す死、出産、火事などによって生ずる穢《けが》れ、しかも垣根や門によって仕切られた空間では伝染すると考えられていた穢れが、天皇や朝廷、あるいは神社に及ぶことは非常に強く忌避され、それを清めるための忌籠《いみごも》りの期間などの細かい手続きも定められた（中略）

　このように穢れのキヨメに関わる職能民それ自体を賤視する空気が、貴族、寺社の一部にしだいに強くあらわれるようになってきた。それはやがて牛馬を扱う馬借・車借や、遍歴する芸能民・宗教民にまで及んでくるが、（中略）全体として神仏に対する畏敬、呪術的な力に対するおそれが薄れてきつつあったのは確実であり、それにともない、これまで神仏への畏敬によって規制されてきた富への欲望が否応なしに表にあらわれ、過度な利潤をむさぼり、高率の利息を取り、博打や酒、遊女におぼれて殺傷に走るなどの動きが目立ってくる。そしてこうした人の制御できない得体の知れない力を、穢れをも含めて「悪」「悪人」として排除、抑圧しようとする動きが、前述したように、とくに「徳政」を強調する農本主義的な政治路線の側から顕著になってくる。

網野は、19世紀、欧米列強による植民地獲得競争の嵐が東アジアに吹き荒れる中で、江戸から明治へ革命を起こして「日本であることを強調したこの国の歩み」を、こうつづり、結んでいる。

明治以降の国家の指導者たちは、さきの「神話」とも関わりつつ、日本国を稲作を基本とした「瑞穂国」ととらえ、この国土の中で農業を発展させることを至上の課題とし、それを基盤として諸産業を発展させ、強力な軍隊をつくりあげる「富国強兵」のために全力をあげた。（中略）

人類社会が核兵器など、みずからを滅ぼしうる力を開発し、保持するにいたった二十世紀後半の世界の状況、その中にあって高度経済成長期に入り、猛烈な勢いで国土の乱開発を進めた日本の経済社会自体が、公害、自然破壊など、さまざまな形で「自然」そのものから復讐をうけつつあることなど、列島社会の歴史に即してみると、さらに「文明史的・民族史的転換」といった十四、五世紀の社会の転換以来といってもよい、自然と人間社会との関係の根底的な転換の進行が自覚されはじめるとともに、おおよそ一九七〇年代の後半ごろから、マルクスを含む思想・学問の動向全体に大きな変化が明確にあらわれてきた。

（中略）この意味で、たしかに現代の現実それ自体がこれまでの歴史の書き替えを要求していることは間違いないが、それは直面している転換そのものの性格にふさわしく根底的・徹底的なものでなくてはならない。そしてそこに確かな事実に基づいて新たに描き出された歴史像は、自然に賢明につき合いつつ平和と自由と、貧困の解決をめざして進む人類社会の今後の歩みの中で、日本人が果たすべき役割を正確にさし示すものとなろう。その日のくるのが一日も早いことを心から期待したいと思う」

（『網野善彦著作集・第十六巻　日本社会の歴史』）

## 宮本常一、網野善彦をついだ『ジブリのふたり』

この網野の著作をむさぼるように読んだ「ふたりの男」がいる。日本テレビの氏家斉一郎が、こんな文章を残している。

映画『もののけ姫』をつくる時、プロデューサーの鈴木敏夫君が、その考証を網野にしてもらいたいと言って、実際にしてもらったのです。鈴木君がなんでそんなことを思いついたのか。ぼくは長らく疑問に思っていた。そこで、このたび鈴木君に電話をかけて訊いた。彼、網野の書いたものをよく読んでいたんですね。鈴木君というのはプロデューサーとしては当代一流ですが、体系的な学問とは縁のない人なんです。その彼が読んで面白い、と。網野のことをぼくが非常に優れた大衆歴史家だというのは、まさにそこなんです。

（中略）

最近スタジオジブリの宮﨑駿監督にこの話をしたら、「私も同感です。実は私は座右の銘として五人の著作家がいるのですが、網野さんもその一人です」と語って、私を驚かせました。

（「網野善彦著作集・第一巻」に寄せられた『我が友・網野善彦』より）

この事実を知って、『もののけ姫』や『千と千尋の神隠し』、あるいは『となりのトトロ』や『風の谷のナウシカ』を思い出し、「う〜ん、なるほど」とうなるのは、私だけではあるまい。

そして、氏家が「ふたつ返事」で、数億円を出した大プロジェクトがある。

岡本太郎の傑作のひとつ「明日の神話」をメキシコから日本に移送し、修復するプロジェクトだ。

何かが、新時代をきりひらこうとする「勇者」を、むすびつけているようだ。

その系譜の先に、私たちがいると信じて、胸をはりたい。

ところで、数カ月に及ぶ私の勉強と決意表明をうけて、広島のやまあいでの「里川の挑戦」はどんな展開をみせたのか。

元祖ミスター資本主義・和田芳治さんは、いくつもの支流が合流して江《ごう》の川となる三次で、いつのまにか絶滅寸前になってしまった「子どもたちの川遊び」を復活させる試みなどを、川漁師や市民の協力をえながら始めた。

「よい子は川で遊ばない」といった立て札を堤防などに掲げては、子どもを川から遠ざけてきた戦後の歴史を見直したい。自然の川での体験・経験値がなくなるため、たまに川で遊ぶとすぐ流される人がでて、規制や自粛がさらに強化される「負のスパイラル」をとめられないか。川が身近になれば川をきれいにする気持ちになる。草を刈ったりごみがないようにしたりするようになり、その結果、川が近くて楽しい存在、かつてのような魅力あふれる存在になっていく。

戦後のある時期までは使われていた川漁の様々な漁具を収集・保管し研究する地元のミュージアムのホールでシンポジウムを開き、参加者全員に大きな子持の落ち鮎を食べてもらったり。「筏《いかだ》くだりの会」を催したり、漁協と一緒になって「鮎の手づかみ体験会」に子どもを招いたり。いつもながらの驚きの行動力で、市民や子どもたちの意識改革が進められた。行政にも、大企業の財団などにも一切頼らず。まさに手弁当で駆け付けた漁協のトップで同年代の漁師・辻駒健二さん。三次で鵜飼いを復活させまもってきた、一見こわもてだが実はフレンドリーな漁師の方々。私と同い年の地域エコノミストの藻谷浩介さんと、こちらも同い年のミュージアム学芸員の葉杖哲也さん。そして和田さんの同志たち、過疎を逆手に取る会・逆手塾のいつもの面々が、わいわいがやがや、目いっぱい楽しんで盛り上げる形で。

長身の躯体。背筋をのばし、大きな声でみんなの先頭をゆく和田芳治さん。その姿はまさに「里川のドン・キホーテ」だった。

一方私は、和田さんが師とあおぐ地元の小学校の元校長先生・黒田明憲さんの著作をひもとき、話をうかがいながら、戦後、川や漁師がたどった歴史をたどり、かつての川と人との関係を取り戻すにはどうすればいいか、考察を深めた。

くわしくは、また後の稿で述べたいと思う。

# 第2章

# 〝現代の海賊〟たちが暴れまわる碧い水辺で

## トップランナーの現在・過去・未来

周防大島・瀬戸内ジャムズガーデンの「いちご満載クレープ」

## チーム・オムライス！

この章は、２０２３年から２０２４年に「成人」になった若者の話から、はじめたい。

1月ににぎやかに成人式をする若者を想像される向きも多いだろう。

それより、若い。今、日本では法律上18歳で成人となる。選挙権もある。高校2年から3年に、その年齢になる。

ふたりの女子にいわれたのは「いわゆる成人式」の１週間ほどあとのことだ。

「私たち、オトナですから」

「おっしゃるとおりです」

ぺこり。あたまをさげた、と記憶している。

彼らのグループは8人。春、指導する先生も一緒に高校を抜け出して坂をくだり、「ともにオムライスを食べたという絆」がある。

ふたりと話したのは、奇しくも成人式の行われた1月。「とある大仕事」を終えた、翌日のこと。緊張から解放されたふたりの、おどけた記念写真も、そういえば撮らせてもらった。

世界でも圧倒的にトップクラスのおだやかな海、瀬戸内海をのぞむ丘のうえにたつ、白い校舎で、彼らは学ぶ。

周防大島高校という県立の高校である。でも、生徒たちはただものではない。目の前には信じられないほど波がたたない海、瀬戸内海。「飲める水」をたたえる琵琶湖に匹敵するおだやかな「海の水」は、もちろんそのままでは飲めないが、その水から生み出される「塩」もないと、人は生きられない。古代からの長い歴史をふりかえって「交流」や「物流」を考えれば、海も川も湖も「水の道」である。実際、周防大島と琵琶湖は、淀川という川をなかだちにして、つながっている。

私があたまをさげた「ふたりの女子」は、その名も「政策アイデア」という、周防大島という瀬戸内海で3番目に大きい島の、観光とか産業とか経済とか未来について考えるプロジェクトに1年かけて取り組み「こたえ」を出したメンバーの中心人物である。町や県でも、国でも高く評価され、島の相当年上の大人たちのこころにも、まさに「火をつけた」。

島には住んでいない60歳手前の「すぐ感激するおじさん」である私も、おおいに感化され、平均して月に2回ほどは、足を運んできた。チームの何人かとは、年の差をこえた、ある種の友情まで感じるようになった。その感覚はちょうど同世代のひとり息子の友だちに感じるものとは明らかに違う。要は、同志なのだ。

それにしてもどういうわけで、全力で「青春の溌剌」とつきあい、取材して、映像記録を丹念に撮りためることになったのか。

「うつ病」が突然治り、里山資本主義のトップランナーを数年ぶりに再訪しはじめた2022年の年末、自身の車でまる2日間、自らが選んだ「周防大島の最新」を直接みせてくれた、現役の「新ミスター里山資本主義」と私が呼ぶ松嶋匡史さんに贈ったコラム的小文を、お読みいただきたい。

## 周防大島は、すごい！「コーヒー」と「はちみつ」と「寿司」に脱帽した

「里山資本主義」の本を読んだり、書いてあることを実践したり、同じようなことをしている人と交流したりする人にとって、山口・周防大島は「聖地」のような存在だ。「青い海と青い空を見ながらみかんのなってるところで、のんびり釣りでもして暮らしたいなあ」というのは、多くの「定年を迎え第二の人生を考える」人にとって、あ

る種「最高の夢」だと思うが、まさにそれが今すぐできるところ。それが周防大島である。

「そんなことといっても、何をどう始めればいいのかわからない」といわれるだろうが、「大丈夫ですよ！」と答え、支援してくれるのが、この島のすごいところなのだ。

例えば――

「島のジャム屋さんで、アルバイトしながら、安くでいられる宿舎に泊まって、自分にできる仕事はないか、起業のタネはないか探してみる、というのはどうでしょう。あちらの方は、使われていない畑をかりて島の在来種のさつまいもを育てて生計をたてはじめました。あちらの方は、ブルーベリーの木を30本ほど育てはじめました。あちらの方は、いちじくに挑戦です。どこに出荷するかって？　大丈夫です。ジャム屋の松嶋さんが、けっこう高い価格で買い取ってくれます。残りの時間、釣りでもして暮らせばいいじゃないですか。庭を菜園にして野菜でも育てれば、おかずはほとんどタダ、ということになるわけだし。夏には海で、子ども相手にサップの講師かなんかしてもらったら、それもちょっとしたアルバイトになるし、いろんな収入源を季節ごとにいくつかもてば、豊かに暮らせますよ」

これ、ほぼ「実話」である。みなさん、あとは踏み出す勇気だけですね。

というわけで、今回は周防大島訪問記なのだが、お邪魔したのは12月。迎えてくれた「ジャム屋」の松嶋匡史さんが、「いやあ、きょうは天気が悪くて残念ですね。ここは日本のハワイなんですが、12月に入って急に寒くなって……」と、いつになく後ろ向きなお言葉。

でもきっと大丈夫。このごろ気になっているところ、おすすめの場所や人のところへ連れて行ってもらった。

最近、新しく店を建てたコーヒー店へ向かった。小高い丘の上に、おしゃれな建物。近づくと、壁は「焼き杉」。焼き杉の黒が、赤い装飾とあいまって鮮やかだ。

中に入ると、ただものではない雰囲気のコーヒーの達人が。静岡・三島でコーヒーを究めたそうだが、最近奥さんの故郷である周防大島にやってきた。店から、海をゆうゆうと泳ぐ瀬戸内海のかわいいイルカ・スナメリを何度かみた、とうれしそうに語ってくれた。

ためしに頼んだのは、水出しコーヒー。ひとくち飲んでびっくり。飲んだあと、のどの奥からなんともいえないよい香りが口の中いっぱいに押し寄せてくるのだ。

「マダガスカルの豆なんですがね」とかいって、微笑んでいる。

松嶋さんも飲みたいとなって、ひとくち。驚きの表情。

「ほんとだ。これ、ブランデーですね！」

あとは店主も加え、3人で「どれだけうまいか」談議に花がさいた。

すごい！　周防大島。

少しだけ補足すると、コーヒーはもちろん全部「島外産」、しかも「外国産」。その意味で「地元の未利用資源」は使っていない。でも「周防大島ならでは」は、コーヒーのまわりに「てんこ盛り」だ。

先ほど少し触れた「スナメリ」もそう。12月から2月は寒くて無理だが、あとの9カ月はテラスが気持ちいい。吹き渡る風、丸い島の見える絶景。暖かでやわらかい太陽の光。まさにプライスレスだ。周防大島のこの小高い丘だから、このレベルの「高い幸せ」が満喫できるのだ。

養蜂家、笠原隆史《たかふみ》さんの「はちみつの店」を訪れた。ここも、小高い丘の上。白い瀟洒な建物。笠原さんとは10年以上のつきあいなのだが、店におじゃまするのは、はじめてだ。

中に入ると、見るだけで幸せな気持ちになる季節ごとのはちみつの瓶。

奥には「量り売り」のはちみつが。なんだか、そそられる。隣にはさりげなく、しょうゆの量り売り。「これをあわせて使うと、またおいしいんですよ」と笠原さん。

パンをください、といいたくなる。

その奥にあるのは、ナッツやカカオやココナッツミルクなど。

さらに奥には「干しエビ」とか「海苔」とか「いりこ」とか、瀬戸内海の海の幸が「オンパレード風」に大きなガラス瓶に入って鎮座している。

笠原さん、いわく
「全部、はちみつにあいます!」

確かに全部、試したくなる。はちみつがこんなに「何にでもあう」ということに、はじめて気づいた。

考えてみれば日本人は、はちみつを縄文の昔からたべていただろう。瀬戸内海の幸も、干したり焼いたり。味わいを深めて食べていたにちがいない。いっしょにあわせてみたら、と大昔から試していたに違いない。その「おいしい情報」は、私たちの遺伝子に組み込まれて今に至る、ということなのかもしれない。

悠久のロマン、みたいな話ですね。

せっかくなので、ひと瓶買うことにした。さんざん迷って「秋のはちみつ」を選んだ。なんともいえない「濃い色あい」に魅かれたのだが……。

「それ、セイダカアワダチソウの、花のみつです」と、いいようのない「ご無体な」

説明。あの「嫌われもののセイダカアワダチソウ」まで、はちみつにしてしまうのか。私などは秋になると、みわけがつかない「ブタクサ」の花粉に悩まされて、やたら敵視しているのだが、おおいに反省した。

はちにとって、いい花とか悪い花とか、好きな花とか嫌いな花とか、ないんですね。道徳の時間にききたいほどの話だ。

とかいいながら、棚をもういちど眺めると「竹」とある。

「竹のトイレットペーパー」

実はさきほどのコーヒー店のトイレにも置いてあって、気になっていた。

笠原さんが説明してくれた。

「竹が増えすぎて環境問題になっているから、いいなあと思って置いているんです」

今は中国製しかないが、日本でもつくろうという動きがあるそうだ。注目したい動きだ。そして、その横に「竹の歯ブラシ」と、それを入れてもち運べる「竹の筒」をみつけた。沖縄でつくっているとのこと。水鉄砲みたいなフォルムの「筒」が、なんともいえず、すっきりしている。「きせる」のいれものみたいだ。話は、最後にあさってのほうにいってしまい、「きせるってなんだっけ話」に、花が咲いた。

周防大島、すごい！

少しだけ補足すると、笠原さんが養蜂をしなければ、せっかく咲いた花の蜜は、利用されることがない。それが今や、嫌われもののセイダカアワダチソウまで、私たちの「おいしい生活」に貢献しているのだ。繁茂しすぎる竹の利用をすすめるべきだという話も、都会にいるとそもそも気づかない。しかも、だから何かしようとなっても、都会では「いろんなシステムの図体」が大きすぎて動き出せない。よくよく考えると、実は田舎の里山・里海の方が、ずっと機動性があり、チャレンジしやすい。未来は、里山・里海の側にあるのだ。

笠原さんもご一緒に、夕食ということになった。

松嶋さんが「ここがいいんじゃないかな」という店に電話をかけるのだが、どこもアウト。この日は、観光客が多い日曜の次の日の月曜ということもあり、なかなかあいている店がみつからない。

「これが、周防大島の大きな課題でもある」という松嶋さんのまじめな解説もききながら、最後にここという「寿司屋」に電話した。おりかえす、とのことで、どきどきすること数分。ＯＫの電話がきた。

早速車で向かった。飲めるのは、運転しない私だけ。申し訳ありません。

こぢんまりとした瀟洒な店構えに、少々「びびる」。

でもここは周防大島。まあ、われわれの財布でも、なんとか大丈夫でしょう。

入ると「しらきのカウンター」だけ。4名のお客さんがすでにはじめていて、計7席。奥の3席があいていた。

想像していたより若い、大将のくぼたさんが、背筋をぴんとのばして接客している。お茶やお酒を出したり、気配りしたりする「おかみさん」さえいない、究極のシンプルさ。

説明したり感想を書いたり、すればするほど野暮になるので、書かない。

あの「なんとか海老」、まいりました。「めじまぐろ」のつやつやのやわやわ、見事でした。

お酒も。最後に、松嶋さんの最近の大ヒット作である「レモンチェッロ」でしめた。鉄棒ニッポンの最後の降り技「新月面宙返り」さながらの、栄光の架け橋をかけるがごときフィニッシュでした。

ひとことだけつけ加えると、魚をさばいた日から毎日毎日「対話」して、酒をぬったり酢を加えたりという「仕事」を楽しんで楽しんで、さあきょうだ、という日にだけ出す、というくぼたさんのお話。ふつうあれだけ「うんちく」をきかされるとゲップがでそうなものだが、感激につぐ感激。「うんちくだけでお酒が飲める」、そんなお店でした。

周防大島、すごい！

最後にもうひとつ。

実は、最初に別の方に会っていた。

榮大吾さん。あの、われらが「日本中の市町村をめぐり続ける地域エコノミスト・藻谷浩介さん」がつとめていた日本政策投資銀行を「里山資本主義」を読んだことをきっかけに辞め、周防大島で起業したとのこと。できすぎだが、ホントウの話だ。

12月、本格的な寒さになると、毎日潮のひく夜11時からひじきをとり、加工するという日々をおくっているという。

すすきや雑木で鬱蒼としていた段々畑を開墾して、「いも」やたまねぎなども育てている。周防大島がうんだ民俗学の巨人、宮本常一の著作を熟読して「いも」を育てているとのこと。

畑のいっかくで育てていた「にわとり」に魅せられた。なんともかわいいのである。

大きな雄鶏を抱きかかえて、「こいつは、生まれた時から育てているから、こんなになついて。うちの奥さんは、絶対食べちゃだめ、食べたら離婚といってまして」と、にこにこ笑っている。そのほかの雌鶏もフレンドリーで、「にわとり話」で1時間もりあがった。

しかし、である。

榮さんの語る「起業家としての現状」は、かなり深刻だ。

畑もこの規模だと、全然採算があわない。

漁は、もっと悲惨だ。とったブリの幼魚の売値は一匹50円。ベテラン漁師によれば、獲れる魚も貝も「最盛期の100分の1」だという。魚は足がはやく、市場は遠く、都市にすむ人たちに「遊びに来て」といいたいところだが、いざきてくれると相手をするのに時間をとられて結局何もできなくなり、自分の首をしめてしまう。

「里海の知恵、里山の叡知」を結集して、なんとかしたいと語りあった。

「すごい！　次回」を乞うご期待、としておきたい。

個人的には、秋田の栗山奈津子さんという人が編み出した、「山菜をとってきて売ると安値になるが、都会の人のかわりに達人がとってきて送るという仕組みをつくれば相当の高値でも喜ばれる、森の宅急便方式」を応用したらいいのでは、などと考えをめぐらせはじめている。そして最後に大事なことを。買わせていただいた「ひじき」は、東京の家に帰ると、あっという間になくなった。

瀬戸内海は、すごかった！

東京に戻ってきたら、周防大島の「高さ」がさらに際立ってみえた。

周防大島で試運転したムービーカメラについて教えてもらうため、新宿西口の電気街に行った。昼時で、都庁をはじめ近くのオフィスに勤める人や、電気製品をみにきた若者でにぎわっていた。

ランチは、あちらの店もこちらの店も図ったように「８５０円」。生姜焼き定食も、からあげ定食も。カレーもハンバーグ定食も、ほとんど８５０円。

ものすごく、熾烈な競争。千円札で１５０円のおつりは、お得感がある。しかし、そこが「限界」なのだろう。

ところが、かえりに駅直結の百貨店の「デパ地下」に入ると、まったく異質の違和感に、襲われた。今度は、全部が「２０００円くらい」なのだ（もちろん、いくつかの価格帯の商品はあるが、これを買いたいなと思うものは、という意味である）。京都の老舗の和菓子。２０００円くらい。有名パティシエのケーキも、２０００円くらい。東京の名店の弁当も、2000円くらいが主力。ニューヨークからやってきたと思われる2000円くらいのチーズの菓子。40人くらいの行列ができていた。

なぜ、2000円くらいなのか。

おそらくそれは、みんなが従う「市場のきめた価格」なのだろう。だから、競争が激しくなればなるほど「値上げ」も「値下げ」もできない。

そういうところに落ち着く、ということらしい。それにしても「電気街の居酒屋のランチ」と「デパ地下のお菓子や弁当」で、なぜこんなに価格に開きがあるのか。おそらくこれが「格差」とか「分断」とかいわれるものの、正体だ。

屋外の店に行く若い人は総じて「おこづかい」が少なめ。一方、デパ地下に「平日の昼」にくる高齢者は「富裕層」と、呼ばれているということではないか。

いわば自動的に分けられる。消費者は「富める者」と「貧しい者」の二種類に分類され、その価格で買う以外「事実上無理」なのである。

しかしそうした「市場の神のみえざる手」は、周防大島では、なぜか及ばない。そう、感じている。

地元に昔からあるような店。Uターン・Iターンのひとは起業した店。自由に、つけたい価格をつけ、消費者もそれを受け入れている。満足している。心地よい豊かな時間。そして味。島の悠々とした景色や風。時には、花の香りまでついてくる。「ホントウにそれでいいの?」という家賃や不動産価格が、それを支えている。

これこそが「マネー資本主義」のいびつさであり、その「くびき」から逃れた「脱マネー資本主義」。つまり「里山資本主義」ということなのだ。

どちらに未来がある? まずは、ちょっと体験をおすすめしたい。

## 10年間〝進化〟し続けた、新ミスター里山資本主義

この訪問記。「10年後の里山資本主義」として、まったく申し分ないレベルだと思う。

しかし松嶋匡史さんを新ミスター里山資本主義と呼ぶのは、このレベルに甘んじないこと

だ。

もともと「柑橘の島」といわれてきた周防大島。それなのに、その柑橘が島の経済や過疎高齢化の元凶となっていることに疑問をいだき、反転できないかと考えた。電力会社の社員という安定を捨て、妻の故郷に「嫁ターン」。素晴らしいデザインと発想、青いみかんにはまた独特の風味や香りがあるといった農家の知恵を活かして開発したジャムを、ひとつずつ手づくりで、一切添加物もいれないでつくった。丸い島のみえる日当たりのいい浜のすぐ前にカフェをつくり、ジャムを買うだけでなく、コーヒーや、まさに柑橘をしぼったミカンジュースとジャムパンを楽しむこともできるようにした。ゆったりした時間を過ごせる。近所の農家から、買いたたくのではなく、市場価格より高い値で原料のくだものを買う。農家が高齢化で栽培を続けられないとなると、ジャム屋で栽培や収穫を肩代わり。独立したい移住者をあっせんしたりもする。いちごが島にないとなると、山口県の農業関連の大学から若者をスカウトし、最先端のいちごハウスを稼働させる。パティシエをめざす若い女性に、いちごの輪切り満載のクレープや、栗満載のパフェなど新商品を次々開発させたり、バラの香りを楽しめるジャムの開発を山口県のその道の専門家とコラボしたりもする。いつ行っても季節季節のジャムがずらり、という状態を年中持続させ、100万都市広島などからのリピーターを増やす。あみだしたビジネスモデルを島にUターン・Iターンしたい人に公開して成功者を増やす。島の経済を好転させ、島の人口の「社会減」をとめた（極度の高齢化のため、人口の「自然減」は変わらず、だが）。

それだけでも十分すごい。でも、そこに安住しないのがミスター里山資本主義の真骨頂だ。島と本土を結ぶ長さ1キロの橋にタンカーが激突した2018年。観光客も水道の水も来なくなった島はじまって以来の危機の時も「時間に余裕ができたから挑戦しよう」と、ジャム屋なのに酒類醸造の免許をとった。橋の向こうの水でなく、そもそも島の人の生活を支えてきた井戸水が使えないか、改めて調べ、活かせることを確かめた。そのうえで、南イタリアの、青の洞窟で知られるカプリ島に渡る船の港がある保養地アマルフィでこよなく愛されるレモンの香り高き食後酒・レモンチェッロを、現地まで足を運んで学んだ。帰国後さらに研究を重ね、瀬戸内の島々で大量に産するレモンの果汁をふんだんに使い、味を格段にふくよかにしたレモンチェッロを店に並べた。コロナ禍で客が激減する中だったが、ジャムだけの時には少々物足りなさを感じていた大人たちの人気を集めた。

周防大島が橋でつながれて以来の逆境さえもチャンスにして前進し続けた松嶋さん。2021年の日本農業賞・食の架け橋の部の最高賞を獲得した。全国の農協はじめ日本中の農業関係者が夢見る賞に、徹底した「6次産業化」をきわめる起業家が輝いたのである。

その後も松嶋さんはとまらない。2023年には、ホンモノ志向が一定のひろがりをみせる中で、素材も製法も手間のかけ方も「妥協一切なし」のジャムをつくったら受け入れられるのではと、1個2000円の「圧倒的な高級ジャム」のシリーズを開発。さらに、酒に高級ジャムということになればそこに泊まりたくなるだろうと、江戸時代に瀬戸内海をわたり紀州からみかんの苗木をはじめて周防大島にもたらしたというストーリーのある庄屋さんの屋敷を改装した一棟貸しの宿を2024年4月に本格的にオープンさせた。部屋のしつらえは、いい意味で都会的で、かつ歴史の厚みが随所にみられる。壁には古民家から集めてきた装飾の数々。ダイニングの壁にある、米を積んだ船をひく男たちを描いた幅1メートルを超える木彫が、ひときわ目をひく。本格稼働する前から私もしばしば利用させてもらったが、そのたびに改善が重ねられた。宿泊費はそう高額でもないのに、地元の食材を買ってきて自炊もできる様々な家電などがある。本格的な炊飯器に最先端の電子レンジ。腰などにいいマットレスを使った寝具。風呂の外にもうひとつ水色の陶器の露天風呂。道路から宿へ向かう導線にあたるところには、灯ろうや井戸、立派なサルスベリの木を残し、空き地には幾種類ものみかんやレモンの木を植えた。予約しておけば、その名も「大将」というご夫婦でされるベテランの寿司屋が、寿司を目の前でにぎってくれる仕組みも整えた。夕食時間の1時間前にやってきて準備万端。仕込むさまを見るだけでわくわく。こだわりの逸品が次々でてきて、至福の時を過ごせる。

もちろん、外に出てとなれば、鳥居の下のくぼたさんの寿司屋で、うんちく満載の贅沢なひとときを最高の味とともに堪能するのも、いい。

波の静かな浜辺と透き通った水。沖にぽっかり浮かぶ島の景色が魅力的とはいえ、いまだ有名なリゾート地というわけでもない瀬戸内の島のひとつ。そこでなぜ、東京や関西の富裕層とかインバウンドの中でも舌も目もこえた人たちを「うならせる」レベルのことを次々発想し、チャレンジし、実現していけるのか。じっくり話した結果、合点したことがある。ある分野の専門家になり、そこに安住していては、過疎と高齢化きわまる島の現実は変えられない。自分自身満足できないと思っているのだ。瀬戸内海では3番目の大きさとはいえ、世界中を見渡せば「とあるひとつの島」。そこに眠る未利用資源をひとつひとつ拾い上げ、やがては総動員するくらいの意欲で活用して、訪れる人や島のひとの見る目や意識を変えたい。移住したいという人や家族を増やしたい。移住しないまでも四季折々に来たい、といってくれる人たちの輪を広げたい。島の未来に希望がもてないといって子どもを脱出させるのではなく、川をくだって海に出てまた戻ってくる鮎や鮭のように、いったん都会に出てもいつか帰ってきて、島で新たな挑戦をしたいという夢を子や孫と語る、そんな島にしたい。

そのために、島にいる間に地域のよさを知り、起業的な目で新たなポテンシャルを見出して提案し、実際に行動するという高校のカリキュラムづくりにも協力してきた。そんな努力が実って、島にあったふたつの高校が統合された「過疎地の高校」に、らんらんと目を輝かす若者たちが、山口県の橋の向こうから、さらには首都圏はじめ他県からも、入学するようになった。親と離れてひとり暮らし。寮から通う留学生が今や毎年数十人、となっている。周防大島は、現時点での、里山資本主義の最高到達点のひとつだと、私は考えている。

徹底した里山資本主義が、これから本格的に日本や世界の経済の主流になる可能性はじゅうぶんある。それがこの国の「伸び代」だと考えれば、「うちの町にはなんにもない」と嘆く多くの地方の町や村も、将来に希望がもてるようになるはずだ。

「楽天的すぎる」という人も多いのかもしれないが、案外そうでもないのでは、という視点で、メジャーリーグの大谷翔平選手を題材に、ちょっと風変わりなコラム風の文章を2023年の春に書いていた。同じ米西海岸の名門「ロサンゼルス・ドジャース」に移籍し大活躍する2024年時点で読むとさらに面白いので、おつきあいいただきたい。

## 「二刀流」のショーヘイ・オオタニは、日本の里山・蝦夷の頭領・阿弖流為《あてるい》のむら出身

今の、例えば学問なるものが、いかに「細分化」されているか。

試しに東京大学のホームページを見ると、よくわかる。というか、びっくりする。

確か、学部って、医学部とか工学部とか理学部とかに分かれてるんだよなあ……、と理学部を見てみる。すると、「物理学専攻」「天文学専攻」「地球惑星科学専攻」「化学専攻」「生物科学専攻」に分かれていて、その「物理学専攻」を見てみると、「原子核理論」「原子核実験」「素粒子理論」「素粒子実験」「物理理論」「物理実験」「宇宙理論」「宇宙実験」「量子情報」「レーザー科学」「非平衡・プラズマ」「生物物理」に分かれている。

ん？　理論をやる人は実験やらないの？

非平衡・プラズマって、そもそも何？

これは、いわゆる「自然科学」だけではなく「社会科学」でもそうで、試しに経済

学部を見てみると、「経済学コース」「統計学コース」「地域研究コース」「経済史コース」、プラス、マネジメント専攻として「経営学コース」「数量ファイナンスコース」と分かれている。

将来社長を目指してある地方の会社に就職したい、という志望だと？

経済学のような気もするし、統計も習った方がいいだろうし、地域研究も、その地域に関わる経済史も少々は……。でも社長を目指すんだからやっぱり経営学かな？数量ファイナンスだけはちょっとわからんけどな……、みたいなことになる。

そんな世の中で、「里山・里海」とか「里山資本主義」の達人とは、どういう人かを考えてみたい、というのが今回のテーマだ。

近代以降の、欧米主導の文明の常識の「逆」をいく。「分けない」、「細分化せず、全部いったいとして」が基本だという。

随分たいそうな話になってきたと思われるだろうが、例えば私の先生である環境学者は、「当然そういうことだ」といい、「それが大事で、多くの人が実はそこがわかってないんだよな」と残念そうな顔をする。

近代文明では、何か「わからないこと」を「わかるようにする」ためには、「神がこういっているから」とか「この地域では昔からこうしている」とかではだめで、

「科学」によって解明した「絶対的真理」だけを「真実」とする。

「解明できない」となると、どんどん「細分化」する。細かく分けて調べ、それでも解き明かせないとさらに細分化して……を繰り返し、また繰り返して真実に迫ろうとする。


例えば、動物園で飼っているチーターが急に餌である肉をまったく食べなくなった、としよう。

「なぜ」か。そして「どうすれば解決する」のか。

「正解」にたどりつくため、まず、「人間でも病気のときは食欲がなくなるから、チーターも病気にかかったんじゃないか」と考える。

でもその場合、人間界で町医者の先生がするような答えの導き方は、期待しない。

「まあ風邪でしょうから、しばらく安静にしてなさい。風邪薬、出しておきましょうね」では、動物園の飼育係は、ふつう納得しない。

まず、動物園の動物全部を診る獣医が診断、原因を探る。でもよくわからない。

では、というわけで、哺乳類が専門の獣医が呼ばれる。でも、だめ。

じゃあ、ネコ科か。ライオンもチーターもネコ科だから。でも、だめ。

チーター専門の研究者を呼べ！　でも、わからん。

なんだ、なんだ。ものすごい難病?

とかいってたら、結局、狭い檻にいれられたストレスが原因だった。

そういうことって、よくありますよね。だから、自然相手の仕事は「細分化せず、全部いったいとして」なのだ。

前置きが長くなりました。大谷翔平選手のお話です。

日本では、毎日毎日、テレビで「きょうの大谷の活躍」を「ショータイム!」とか名付けてニュースや情報番組で伝えている。私もテレビプロデューサーだから、わからないではないが、ちょっとやりすぎだ、と思う。正直なところ。

大谷翔平選手は、今、アメリカ・メジャーリーグの「ロサンゼルス・エンゼルス」に所属するプロ野球の選手だ。NHKという日本の公共放送は毎日、現地の映像(もちろん球場の音もつけて)を買い、それに東京のスタジオでアナウンサーと日本人の元スター選手だった野球解説者の日本語のトークを乗せて「ライブ放送」している。

視聴者は、本当に、まるで「すぐそこ」で試合をしているような感覚で見ている。ものすごく遠い、太平洋の向こうのアメリカなのに。(余談だが、投手がバッターめがけて投げ込む球場の壁などには、結構日本語で「広告」が出されている。マネー資本主義おそるべし、である)

ただし、日本は朝。アメリカ西海岸は前の日の夕方。20代後半の大谷君がかわいくてしょうがない日本の高齢者のファンたちは、朝早くからテレビの前。寝不足だと嘆きながら、にこにこテレビにかじりついている。

なぜか。いろいろあるだろうが、一番は彼が「二刀流」だからだ。超一流のバッターであり、超一流のピッチャーでもある、類まれな選手だからだ。世界の最高峰、メジャーリーグでも実に100年ぶり。あのベーブルース以来の選手だという。

ここに私などは、「里山資本主義の本質」を見てしまう。突然で恐縮だが。我田引水がすぎるかもしれないが。

「分業した方がいい」というわけではない、という本質。何が本当に「スゴイこと」なのか、という本質。

二刀流・大谷の出現について、日本ではふつう、こういうふうに説明される。

小学生の野球少年（今のところ、少女はまだ少ない）は、たいてい「4番でピッチャー」を目指す。優秀な子は、一番打てて、一番はやい球を投げられるから。

でも、中学、高校、（大学、社会人、）プロとレベルがどんどんあがる中で、両方は無理だという話になり、どちらか一方の「専門職」になる。そうせざるを得なくなる。

でも大谷は違った。プロになっても、両方で日本一、世界一を目指したい、という信念を貫いた。さすがだ、偉い、と。

私は、もちろんのことだが「幼い頃からの集中的な英才教育」を否定しない。あることだけに専念する生き方。批判するどころか「尊敬」している。

例えば陸上100メートルとか水泳とか、北京冬季オリンピックで金メダルを取ったスピードスケートの高木美帆選手とか、0・1秒「自己ベスト」をあげるために、何年も何年も毎日毎日トレーニングし、基本動作を繰り返し、時にはスポーツ医学の専門家に意見をもらって、果てしない「少し先」を目指しているそうだ。

誰にもできることではない。間違いなく「天才とは1パーセントの才能と99パーセントの努力」の世界だ。

でも、社会が複雑になり、なんでもかんでも分業して、私も含めた一般ピープルは「その道の専門家」にきいて納得し、次の瞬間に忘れてしまう今の世の中は、どこかおかしい。

ロシアがウクライナに戦争をしかけた。なぜそれが起き、今どうなっていて、この先どうなるか。祖国から日本に避難してきたウクライナの人たちだけでなく、日本の多くの人々が、遠い異国の悲しい出来事のことを心配していて、これもほぼ毎日のようにテレビで語り合っている。それはいい。でも、である。

テレビのスタジオに専門家が招かれ、解説をしている。別の局でさっき出ていた方が、数時間後、別のチャンネルでほぼ同じ質問に答えている。「ウクライナに行ってみてくるのではない」とはいえ、「東京の中の移動」とはいえ、あまりといえばあんまり、ではないだろうか。しかも、テレビ局や番組の意向として「きょうはちょっと豪華に」、あるいは反対に「より慎重に、正確に」と望んだ場合、スタジオには「軍事の専門家」と「ロシア・ウクライナの専門家」と「アメリカの専門家（場合によって共和党に詳しい人がスタジオにいて、民主党に詳しい人はＶＴＲ取材で、などという場合も、まあそう多くはないが、なくはない）」も、ということになる傾向にある。

また、脱線が長くなった。大谷翔平選手。ではなくて「里山」の話、である。

里山の手入れをする人、世話をする人。「里守り」などと呼ばれるが、その人は、いろんなことの専門家を兼ね備えていなくてはならない。

山には木も生えている。水も流れている。人間にとっては必要ない植物もあるし、ワラビとかゼンマイとか、天然のきのことか、食料にする植物なども同じ山に生きている。

動物もいる。シカもいのししも。リスのような小動物も。小さな鳥もいれば、フクロウのようにそれを食べる大きな鳥もいる。

もちろん日本でも、それぞれに専門家や研究者がいる。世界的に有名な人もいる。いるけれども。

でも、目の前で、目の前でない場合はなおさら。山の中に置いた「ホダギというくぬぎの木の丸太」に「シイタケの菌」を打ち込んで「味が濃くて深い原木シイタケ」が大きくなるのを待っていたら「ナニモノか」に食べられた。

どうしよう。食べたのは野生のシカか、熊か。行動パターンを読み誤ったか。対策が的外れだったのか。

「里守り」は、私はシカの専門家ではないから、わかりませんとはいえない。それを楽しみに待っている家族とか、友人とかに、なんといえばいいのか。自分自身の「がっかり」に、どう答えればいいのか。

里山では「分業はできないし、全部できる人が尊敬される」のだ。

大谷翔平選手が、どこでどう育ったか、細かいことは知りませんが、たぶん「正真正銘の里山の出身」ではないと思います。ですが少なくとも、いるのかと問われれば今も結構いる「里守り」が山を守っているところ。そんな人たちが暮らしている「里山の風景が美しい」岩手県の奥州市というところの出身です。その昔、征夷大将軍の坂上田村麻呂が、蝦夷の頭目・阿弖流為《あてるい》と死闘を繰り広げ、ついに和睦し友情を結んだ地です。縄文の中心地といっていい地です。そこでショーヘイ・オオタニは生まれ育ったのです。

なんという奇遇。なんだか、二刀流の大谷選手が「里山ニッポン」だからこその存在に見えてきませんか?

大谷翔平選手の話でした。

といって、終わろうとしたのですが、あと少しだけ。

でも、そうなると、里山を体現する存在である二刀流・大谷の「今季の年俸がおよそ43億円」というのは、正直なところ、いかがかと思わざるをえません。

そう考えるとき、思い至るのは……。

アメリカは、今世界中を跋扈する「マネー資本主義のモンスター」を生み出した国です。

それが、今の世界の現実なのです。

少々、ほろにがいオチになってしまいました。

## 目指すべきは「ひとりの勝者」ではなく「みんなが勝者」な時代

２０２４年にこれを読むと、さらにほろにがいわけだが。これまでは「赤」だったが、これからは「青」を応援するよ。いまだに国は借金だらけ。ダメな日本経済にあっては一服の清涼剤だ。現実を忘れられるなどといっていて、いいのだろうか。

冷静に現実を見つめ、考えを改めるべきではないかと、私はおもうのだ。

日本人の大勢がファンになると、メジャーリーグのチームの帽子がたくさん売れる。試合を見ようと日本から観光客が殺到し、ホテルに泊まったりグッズやユニフォームを買ったりする。テレビの中継料も球団に入る。多くの野球少年が、大谷くんや鈴木くんや山本くんをめざす。

どこが「ほろにがい」のか、さっぱりわからないという向きは、経済なるものがさっぱりわかっていない可能性がある。全部「アメリカの儲け」になるのだ。日本はひたすら「みついでいる」だけ。そんなことだから、アメリカ企業の株式の時価総額が世界の半分近く、などという事態になるのだ。帽子のライセンス料とか試合の放映料とか、目に見えない形でどんどん吸い取られているのだ。

さらにいえば、例えば大谷が100年に一度の選手だとすると、100年間ずっと「敗者」を生み出していることに気づいているだろうか。「死屍累々」たる状況なのだ。

極貧のイタリア移民から身を起こしたロッキーがボクシングの世界チャンピオンになるような「アメリカンドリーム」は、現実にはさほど起きない。そんな経済にしがみつき、あこがれを肥大させること。実はそれこそ、よわきもの、ちいさきものをくじき、たったひとりの勝者と、その勝者に寄生することができる一握りの人だけを大金持ちにする「格差助長型経済」ではないのだろうか。進めば進むほど、普及すれば普及するほど「貧困がはびこる仕組み」なのではないか。

今、ホントウに必要なのは、まったく逆の「ふつうの人がおしなべて豊かになる経済」なのではないのだろうか。

頭領・阿弖流為のもとで山野をかけまわり自然の恵みを享受する蝦夷の人たちの「豊かさ」に胸打たれて、征夷大将軍・坂上田村麻呂は、戦には勝ったが彼らの生き方に「脱帽」した。

一方、完全勝者となった大谷翔平が「大多数のふつうの人」に還元できたことといえば、能登半島の地震の被災地への寄付と、小学校へ送ったグローブくらいだ。町役場や学校に届いたグローブを喜ぶのはいいとして、競ってキャッチボールをしたからといって、日本経済にマネーが流れ込む好循環が生まれるわけではない。冷めた言い方になって恐縮だが、そんな「一分野のたったひとりの成功者」を礼賛することは、多くの日本人の目をそらせて、不公平な社会のガス抜きをすることくらいにしかならない、と思われるのだ。

少し言い方を変えれば、日本人の若い世代が全員で大谷選手をめざすような志向をどんなに洗練させても、「いきとしいけるもの」がそれぞれ、いきいきと子孫を残す世の中、多様性の豊かな社会が実現することは、ないと思われる。

いきとしいけるものすべては、地球にとって同列だということが自然に受け入れられれば、経済が常に成長しなければならない、などという強迫観念から解放される。ビッグバンで生まれた宇宙は成長を続けるかもしれないが、我らが母なる地球は、これ以上大きくはならない。

これまで型の資本主義を信じきった人は、ものたりなさを感じるだろう。増収増益とか成長企業が市場席巻とかいう経済が時おり見せる「打ち上げ花火」のような巨大な富とか圧倒的大きさとかいうものはない。派手じゃない。でも実は、誰かが勝つと必ず誰かが負けたり損をしたりする「ゼロサムゲーム」とは無縁な豊かさの追求がある。

## コロナ禍はなぜおきたのか、変わってしまった世界は何を突きつけるのか

私の手元に、とある冊子がある。

ＫＯＳＭＯＳ。日本発の「世界的な環境賞」、コスモス国際賞を主宰する団体の出すフリーペーパーの、２０２１年秋号だ。

掲げるテーマは「ポストコロナ　自然と人間の共生の視点から」。世界的な環境学者３人がオンラインでディスカッションした内容が記載されている。

口火をきったのは、元国連大学上級副学長で東京大学特任教授の武内和彦さん。新型コロナの原因、広がったわけを、端的に指摘した。

「新型コロナウイルス感染症の拡大の背景には、ふたつの根本的問題が潜んでいる。一つは、自然と人間との不適切な関係である。すなわち、新型コロナウイルスに代表される人獣共通感染症の根本原因は、人間が野生動物の棲む自然の領域に近づきすぎたことにある。こうした感染症が多く発生する地域の一つである東アジアでは、大規模な森林破壊や農業開発、急激な都市化により、野生的自然と人間の居住域の間に存在していたバッファーゾーンが破壊されてしまった。

もう一つは、行き過ぎたグローバル化の進展である。急激なグローバル化は、世界の人とモノの交流を促進したが、一方で様々な問題も生み出してきた。例えば農林水産物の貿易自由化の促進は、日本のような食料輸入国で自給率が低下するなどの問題を引き起こした。新型コロナウイルスがこれほど短期間にすべての大陸にひろがったのは、明らかに急激なグローバル化の持つ負の側面が顕在化したものである」

それをうけて、生物多様性と人類の発展を融和させるための新たな方針や融資の大きな枠組みづくりに取り組む、グレッチェン・カーラ・デイリー・米スタンフォード大学教授が論を展開した。

「私たちは皆、地球の生命維持システムの崩壊を防ぐため、我々のやり方を抜本的に変えなければならないことに気づいている。明るい未来を切り開くには、我々が自然に大きく依存していることを自覚し、そのことを自らの考え方に、そして、計画・政策・財政のなかに、あるいは日々の意思決定に体系的に組み込んでいくことが必要不可欠である」

そして、さらにこう続けた。

「日本における里山・里海の取り組みは非常に大きな貢献である。また企業のなかには気候変動のみならず生物多様性にも取り組んでいるところがある。しかし私たちが加速させようとしているこの大変革には、もっと大きな跳躍が必要である。

私たちが目指すのは、こうした素晴らしい事例をスケールアップして大きな変革へと移行させること、また、画期的なパイロット（※試しにやってみること）から政策立案・ファイナンス・実施へとつないでいき、システム全体に及ぶ標準化へと移行させることである」

最後に登場した、「環境学のノーベル賞」をいくつも受賞した、地球規模の持続可能性の分析を専門とする学者、ヨハン・ロックストローム・独ポツダム気候影響研究所所長は、現在の状況について、こう述べた。

「私たちは今、新たな地質時代にいる。これは私たちが、地球上の人類の未来を決めるのみならず、不可逆的な変化を引き起こす臨界点に近づいていることを意味する。一度臨界点を超えてしまうと、人類を支えてくれる地球の状態から離れていくのを止めることができない。それゆえ武内博士のメッセージはとても重要である。（中略）現代のような高度につながり合ったグローバル化が進んだ時代において、人獣共通感染症の大流行は予測できるものであった。もし私たちが迅速に変わることができなければ、明らかにこの種の衝撃やストレスはさらに増えることになる」

読者は気づいただろうか。新型コロナと気候変動が、いわば「同じこと」として語られ、危機感が述べられているのである。

ロックストローム博士は、さらに言及する。

「地球は最も暖かいときでプラス二度、最も寒いときでマイナス四度という驚くほど狭い範囲にとどまり続けてきた。我々の美しく複雑で自己調和型の生命システムは、これまでずっと、この非常に狭い範囲で調和を保ち続けることができたのだ。それなのに今、私たちはあっという間にこのシステムを従来の範囲の外へ押し出してしまった」

さらにこんなことも言っている。

「私たちは、地球がこれほどに狭く限られたサイクルの中にとどまってきた理由を知っている（中略）。それは太陽が人類に優しかったからではなく、地球がとても強く、レジリエントで（※回復能力が高い）、適応力があったからで（中略）、一方、このシステムに亀裂が生じていることを示す記事を目にするようになったことは、衝撃的な科学的事件である。自然の回復能力が失われている証拠を我々は目にするようになった」

とどめに、

「化石燃料を廃止したとしても、炭素吸収力が失われれば、ほぼ三度の温暖化が引き起こされる」

はっきりそう言っている。

デイリー博士は、この「絶望的な状況」を前にして、あくまで「前向き」な提言をする。

「一つは、マインドセット（思考、信念、価値観、思い込みなど）の変化。我々のマインドセットが変われば、この危機を無駄にすることなく、自分たちがいかに劇的に変化を起こせるかを認識し、すべての計画において『より良い復興』を進めていくことができる。

もう一つは、『より良い復興』のための行動を起こし、それを計画的に政策やビジネスに展開していくことである。私たちは皆、行動を進めていくリーダーを支援すべきである」

冊子を手から落としそうになった。

行動を進めていくリーダーを支援すれば、劇的な変化を起こせる復興ができる……？

「できるわけがない」というのが私の率直な見解だが、誰か「反論」してくれないものだろうか。

## 世界的環境学者が危機感をつのらせる「人類の崖っぷち」

気候変動においても、生物多様性においても、まさに「２０３０年までに根本的に手を打たないと大変なことになる」として「世界のリーダーが勇気ある行動を起こす」うえで最重要な国連の会議・ＣＯＰ27が、２０２２年11月エジプトでそれぞれ会議が行われ、それを受けてカナダで開かれたハイレベル協議でなんとか「年内妥結」した。

新聞やテレビのニュースはこう伝えた。気候変動については「温室効果ガスの排出を減らすための基金をつくることは決まったが、その資金を誰がどう出すかは未定のまま」。生物多様性についても「2030年までに種全体の15パーセントを維持して多様性を確保すると体面だけは保ったが、問題を先送りした形の結論となった」と。

会議に参加した日本の環境省などは「歴史的妥結」と自画自賛するものの、客観的にみれば「会議が踊っただけ」の感がおおいに残った2022年末の攻防。どう評価し、あるいはどう未来に希望をつなげばいいのか。年明け、前国連大学上級副学長の武内和彦さんに連絡をとり、2023年2月に懇談の機会をえた。

武内さんは、いくつかの「キーワード」を示してくれた。そのひとつが「ロスとダメージ(loss & damage)」だ。

国際社会はこれまで、温室効果ガスの排出抑制と、温度があがることへの対応で、気候変動の脅威をおさえるとしてきた。しかしこれに対し、途上国から、もはや損失（ロス）や損害（ダメージ）は避けられず、これを引き起こした先進国が保障すべきと主張。COPの場で、その議論がなされるようになった。

もうひとつ武内さんが示したキーワード。それは、「何もいわない中国」。世界最大の温室効果ガス排出国にして世界第2位の経済大国、中国。しかし、会議では「だんまり」を決めこんでいるという。なぜか。

何をいっても「やぶへび」になるというのだ。つまり、中国こそ資金を出せという話になると。逆にいえば、中国はこの件で、いまだに「一銭も」出していない。問題をひきおこしたのは欧米と日本からなる先進国。被害者は、かつての自国も含む開発途上国。自国が急成長を遂げ、資金を出すべき経済規模になっても、立場は開発途上国の側だ。そういいたい、というか、という立場なので「知らないふり」を続けている、ということらしい。

## 岡本太郎の魂の叫び　欧米型近代文明への対極主義

では今、私たちひとりひとりは、「2030年という高い壁」をクリアーするうえで胸突き八丁といってよい「2023年の難局」にどうのぞむべきか。どんな「精神」をもつべきか。ここで再び岡本太郎が人生をかけて追い求めた「縄文」に注目したい。

しかしそもそも、なぜあの芸術家・岡本太郎なのか。そう思う読者も少なくないに違いない。しかし、私にはむしろ「直《ちょく》」なのだ。

ある世代には「芸術は爆発だ！」のテレビコマーシャルで知られる有名人。テレビでも写真でも、岡本太郎ほど自分自身が被写体で、こんなに多彩なポーズや表情が残る芸術家も珍しいが、もっと本質的な意味で「ほかに例がない」のは、彼自身の「することなすこと、考えることすべて」が結びついていると信じて疑わなかったこと、ではないだろうか。

太郎は、画家であり彫刻家であり、パブリックアートの達人であるだけでなく、青春時代をすごしたフランス・パリの学問の最高峰、パリ大学の大教授マルセル・モースに師事した民族学の人であり、さらには個性的な単語や筆致を得意とする作家でもある。だから太郎は、どうしてもいいたいこと、成し遂げたいことがあると、もてるすべてを総動員して「こと」にあたる。だから、すさまじいのだ。無限の魅力と推進力をもち、本質のど真ん中をいくから、いつまでたっても古くならないのだ。

第二次世界大戦のさなか、フランス・パリと「決別」して日本に帰った太郎が、日本と日本人はどう生きていくべきか、何を大切にしていくべきか、考えに考え抜いた末につかんだ結論。それが「縄文にかえれ！」だった。

それは、私が「マネー資本主義」一辺倒の世の中に疑問をもち、それだけでは危ないと考えて、太郎ほどではないにせよ、考えに考えてたどりついたキーワードが「里山」で、それをどう活かして何をつかむかを言葉にしたのが「里山資本主義」であったことと、少なくとも「よく似て」いる。

私は、ある種の「相似形」、もっといえば「双子くらい近い間柄」だと思っている。

共に、ヨーロッパ・アメリカオリジンの文明にNOを突きつけている。日本オリジナルに、日本や日本人自身の中に「解決策」を発見し、世界中、地球規模に敷衍させたい、という意味でも同じだ。

「太陽の塔」とちょうど同時期に製作され、まさに「双子」と呼ばれる作品がある。「明日の神話」だ。

今は、東京・渋谷の京王井の頭線の駅と地下鉄銀座線の駅の間のコンコースの壁に設置されている「巨大絵画」だ。もともとは、中米メキシコの、メキシコオリンピックにあわせて開業するホテルの壁に飾る予定だった。テーマは「核兵器に焼かれる人間」。

なぜメキシコなのか。なぜ核兵器なのか。いっぽつでわかるように、太郎は語っている。

がっかりするほど巨大だ。こんなに猛烈に絵を描き続けたのは、生まれてはじめてだ。描きかけの絵の前で、新聞社のインタビューがあったり、テレビが取材に来たり、コレクターだの大臣だの音楽家だの、いろいろな種類の人間が見に来る。こちらはスペイン語はまるで駄目だから、通訳まかせだが、あとから聞くとその反応がなかなか面白い。「なんという原色だろう」「こんな激しい絵は見たことがない」。ほとんどが、そんな風に言うそうだ。

こちらの方がびっくりする。メキシコこそ原色の国ではないか。

ここはアメリカと地つづきだ。アメリカの人、物、流行、すべて入ってくる。若い世代はニューヨークやサンフランシスコそっくりの仕事をしているものもいる。だがそういう風潮にメキシコ人はやはり納得していない。「アメリカ人は金《かね》を持っている。だが文化はおれたちの方がはるかに高い」別に力んで言うのではなく、素直にそう思っている人たちなのだから。そしてメキシコのように、マヤ以来の、芸術の神聖な気配を伝統として持っている国では、市民的な芸術の表情ではやはり食い足りないのだ。何か生命の根源に響いてくる、神秘感がなければ。

テレビのインタビューで、「あなたはどういうおつもりで、メキシコで仕事しているのですか」と聞かれた。私は答えた。「メキシコこそ、世界芸術の中心地になるべきだから。私はそれに協力するのだ」と。芸術の中心がなぜロンドン、パリ、ニューヨークでなければならないのか。なるほどそこは世界の政治・経済の中心だ。だが、だからといって芸術のセンターであるべき理由はまったくない。経済力や軍事力に応じて、芸術の番付がきまるなんてことは卑しい。そうであるべきではないというのが私の情熱だ。

ここで絵を描き、人々の反応にふれると、西欧的な美学や価値基準でない、まったく別な美、生きがいをみなが求めていることを直観する。

2年後、太郎は、太陽の塔の製作を続ける万博会場の現場をまたもや抜け出し、飛行機に飛び乗った。

メキシコは2年ぶりだ。（中略）
今度は別の仕事で来たのだが、壁画が予定の場所に納められているというので、見に行った。（中略）
見上げ、私は思わず戦慄した。（中略）
まことに不思議な体験だった。
私はいわゆる「絵」に感動することはめったにない。まして、自分の描いたものなんかに——。

（岡本太郎『美の世界旅行』）

しかしその後、「明日の神話」は行方不明になる。太郎の死後、敏子は捜索を続けた。

メキシコは、9月は雨季で、夕方から夜はいつも雨が降る。夜中には雷がとどろいたりして、かなり冷える。

9月5日（2003年）の朝も、まだ雨が残っていた。メキシコシティから1時間ばかりの工業地帯の町に、捜し求めていた岡本太郎の巨大壁画『明日の神話』があるらしいというので、車で出かける。

あるの？　本当に。

ドキドキする。

倉庫ではなくて、資材置き場らしく、高いところに屋根はかかっているが吹き抜けの、大きなスペース。その3つくらい先の屋根の下に、いた！（中略）

走り寄った。（中略）

こんなところに、生きていたのね。（中略）

原爆という凶々《まがまが》しい、巨大な力が炸裂した。それは残酷であり、破壊する凶悪な力だ。しかし、その瞬間に、それと同じだけの激しさ、エネルギーで、人間の誇りもまた炸裂するのだ。その瞬間に、『明日の神話』が生まれるのだ。

原爆に焼かれて燃えあがる骸骨の、何という美しさ。誇り高い、気高さ。

負けない。そうでなければ、人類の未来はない。

（岡本敏子『岡本太郎に乾杯』）

「明日の神話」を日本へ移送し、修復するプロジェクトが始まった。

移送チームを率いたのは「太郎を現代日本人に伝え続ける」伯母、敏子の活動に加わったばかりの若き平野暁臣さんだった。

羽田空港に降り立った平野さんに電話がかかってきた。

伯母敏子が浴室で倒れ、亡くなったという知らせだった。

なんというドラマチック。ホントウのことである。

私たちは、ここから何を受け取るべきか。今、目の前にある難局にどう立ち向かうべきか。

そして、この「明日の神話」の双子の兄弟が、身長70メートルの「我らがウルトラセブン」、縄文の怪物「太陽の塔」である。

ふつふつと勇気が、わいてくる。

## 石見《いわみ》銀山　続々と掘りあてる「鉱脈」

この人たちは、どこまですごいんだろう。

なぜいつも私の期待を「知っていたかのように」やっていて、しかも私の「期待値」をはるかに超えてくるんだろう。

そのすごさは、もちろん20世紀的な「マッチョ」ではない。「しなやか」で「たおやか」で、でも「強い」。その強さは例えば、手の届くところにある若い木の枝をぎゅっと手で曲げて放すと、そりかえった状態からひゅっと戻るあの感じだ。しかも、いつもそこには「笑い声」があり「笑顔」がある。必死の形相とかド根性とか、そんなものとはまったく異質な、頬をなでるそよ風のような世界。

島根・大田市大森町、通称「石見銀山」。

かつてはここで産出される銀が、大航海時代のトップランナーだったポルトガルの圧倒的な経済力を支えた（ライバルのスペインはアメリカ大陸の銀が支えた）。世界史に大きなインパクトを残した町だ。

今、銀は産出していない。かわりに、この地の自然や歴史、風土や社会、そして人の営みの中から、2030年を迎えるにあたって、日本と世界がどうしても手に入れたい「大転換のカギ」を続々と「掘りあてて」いる。

最初の出会いは、新書『里山資本主義』がベストセラーになったあとに企画したNHK・BS1の経済番組を制作することになったとき、元祖ミスター里山資本主義の和田芳治さんがよく話していたところだったこともあり、東京への異動直前だったが、いちど見てみたいと思ったのだ。

「ふと迷い込むとそこは江戸時代」という風情の町が、ここ出身で、この街に本社を置くアパレル会社の地道な古民家再生で保たれていることを取材し、紹介した。

その内容にも感心したが、もっとも感銘を受けたのは生放送終了後の「うちあげ」だった。開かれたのは、本社オフィスの横にあるおおきな「かやぶき屋根の古民家」のおおきな畳の部屋。部屋といってもふすまは開け放たれているから、そこはさながら屋根付き、畳敷きの純和風オープンテラス。

藻谷浩介さんをはじめとする出演者に番組スタッフ、それにこの会社の社員たちがわいわいと集まり、文字どおり車座になって酒を酌み交わした。みんな満面の笑顔で。昔からの友だち同士のように。

おおきなお皿にのせられ、運ばれてきたおおきなおにぎりのおいしかったこと。

スケジュールの都合で途中退席せざるをえなかった出演者のひとり、星野リゾート代表、星野佳路《よしはる》さんのなごりおしそうな顔が忘れられない。

こんなに楽しい「うちあげ」を、自然体でいとも簡単に開いてみせた「この人たち」に、心の底から驚いた。いわゆる「とある会社の会社員のエネルギー」ではない、すごさを感じた。

私も、生放送に立ち会うため東京から来てくれた先輩プロデューサーを広島に送り届けなければならなかったので、途中で抜けざるをえなかった。去り際に、私は大きな声でいった。

「アイル・ビー・バック！」

ここから、私と石見銀山の方々との、「ちっとも番組に結びつかない」つきあいが、始まった。

## 「耕さない農業」にめざめ、つかんだ新しい未来

石見銀山との「縁」は、私を離さなかった。

里山資本主義の新書を世に問うた２０１３年の初夏、転勤族の私は東京への異動を命じられたのだが、広島にいなくなったそのあたりからＮＨＫ広島時代にはなかった「交流」が次々始まった。広島県知事の湯﨑英彦さんもそのひとりで、なんと知事主催のシンポジウムをプロデュースしてほしいとのこと。司会とパネリスト紹介ＶＴＲの目配せは私がするとして、パネリストをどうするか。すぐにあたまにうかんだのが「アイル・ビー・バック」だった。２０１４年のはじめ、私は大雪にもめげず、ふたたび石見銀山を訪問。石見銀山生活文化研究所社長の松場登美さんにシンポジウムの参加を依頼し、快諾いただいたのだった。

石見銀山への移住した若者の中で一番親しくなったのは、東京外大卒にして朴訥で筆がた

つ青年。その名も「三浦編集長」という、自社の商品の宣伝というのではなく、彼が住む大森という地域や文化、そこに暮らす人のあれこれを肩肘はらない文章で紹介するフリーペーパーを発行する広報担当の三浦類くんだった。何度も通ううち、親友がヤギを飼う話をするとき、地元の達人についていいのしし罠《わな》でとったり山菜をつんできててんぷらにして食べたりするときもいつも行動を共にする、同世代の「親友」であり「盟友」の鈴木良拓《よしひろ》くんにも、どんどんひかれていった。

うつ病で訪問を数年間中断していた私は、ふたたび石見銀山を訪れた。三浦類くんが出迎えてくれた。元商家の本店の前の家に、編集室が新たにつくられていた。フリーペーパーの名前がかわっていた。三浦編集室。広報担当の人数が増えたため、「編集長」が「編集室」になったのだ。

鈴木くんも新たな挑戦にのりだしていた。使わなくなった田んぼで、野菜を育てていた。農薬や化学肥料を使わないだけでなく「いわゆる農作業」はふだんしない。耕さないのだ。その方が実は野菜がすくすく育ち、味もよくなる。

不耕起栽培という。

鈴木くんは『土と内臓』というアメリカでの実践例を記した本を読破。そのノウハウを自分なりに応用して4年がたつという。

畑に、幼い娘ふたりをともなってくりだした。そこは野菜畑というより雑草園。しかしよくみるとワイルドなルッコラなど色とりどりの野菜が育っている。ちょうどいい大きさに育った葉をつみ、かごの中へ。見ているだけでおいしそう。そしてカラフル。

数十種類のタネをまいて、放置する。すると芽が出て、勝手に育っていく。1種類だと虫や病気の被害を受けやすい。しかし、あえていろんな種を雑多に育て、多様性をあげることで、生き生きと育つ。

例えばアブラナ科のルッコラや菜の花が根から出す有機酸は、地中の鉱物を溶かして、セリ科やキク科などの野菜にミネラルを分け与え、成長を促す。キク科やセリ科の出す成分が、アブラナ科を虫から守る。耕さないことで土の中の微生物の活動も活発になる。これがまた、病気の発生を防ぐ。

鈴木くんが土をさわって見せてくれた。さらさらというより、ふかふか。少しダマになっている。娘たちがしゃがんで収穫のお手伝い。絵になることこのうえない。

鈴木くんは、お嬢さんたちを連れ、こんどは卵をひろいに鶏舎に向かう。

驚くほど大きな雄鶏と数羽のめんどり。長女の陽乃《はるの》ちゃんが家に帰り、何かを肩にのせてもどってきた。なんと、ちいさな鶏であるチャボ。陽乃ちゃんにすっかりなついていて、こんなかわいいスタイルで毎日卵をひろうのだという。

この日も、実に立派な卵がいくつもとれた。鶏のえさは、まわりにはえている雑草と野菜くずだからゼロ円。それなのに卵はビッグ。

収穫した野菜は、元武家屋敷の宿の朝食に、サラダとして出される。朝食係は鈴木くん。泊った客に、どう育てたか、そのノウハウを語りながら提供する。ただおいしいだけでなく、その理屈を実践者から直接きくことで、満足度があがるしかけである。しかもその「布教活動」は信者を増やすだけでなく「私もやってみよう」という人を増やす。消費だけでなく生産まで増やすのだ。ミクロだが食料自給率をあげる一挙両得なしかけなのだ。

お金をかけなくても朝食に豪華さをあげ、安いとはいえない宿泊代に見合う満足を提供する。進化系里山資本主義と、いってよい。

## 周防大島高校の「若き海賊」たち

2023年5月、周防大島安下庄《あげのしょう》校舎がある高台から、8人の高校3年生、白髪の62歳・重村直孝先生ともに、急な坂をくだっていた。

坂の下に、こぎれいな店。勢いよく木の扉をあけ、奥の長いテーブルに陣取った。優しい目をした男子・村田結透《ゆいと》くんが、手際よくコップに水を入れて、回していく。女子ふたり、江本弥生《やよい》さん、松永姫南《ひめな》さんは、まさにこの集団のマドンナという感じ。華やかで明るく、しかも堂々としている。静かに微笑をたたえる男子は、ミスター里山資本主義・松嶋匡史さんのビジネススタイルを忠実に踏襲して絶品のオイルサーディンをヒットさせた会社の息子・新村琉斗《しんむらりゅうと》くん。さかんに議論をまわりにふっかける中部海都《なかべかいと》くん。

オーソドックスな卵の焼き方、形で、黄色が鮮やか。みるからにおいしそうなオムライスが運ばれてきた。ふたりで一皿。昼ご飯は食べたということだったが、さすが高校生。あっというまに平らげた。私も撮影の間をぬって、オムライスをかきこんだ。

オムライスを一緒に食べたという、およそ40歳の年の差をこえた絆のようなものが結べたような気がした。見るからに多才でアイデアマンに違いない重村先生が満足そうにうなずき、ひとこと。

「よーし、教室に戻るぞ」

生徒たちは、空の食器をまたたくまに厨房に運び、店をでた。白い彫刻が並ぶ美術室で、本格的な議論がはじまった。

前のとし、内閣府が主催する「政策アイデアコンテスト」で、周防大島高校は全国のトップ5に入った。世界的に貴重なニホンアワサンゴの群生地が周防大島にはある。しかし、気候変動の影響による海水温の上昇で、保護しなければ壊滅しかねない状況に陥っている。専門家に学びながら、保護に取り組む。さらにそんな貴重なサンゴが島のすぐそこの海にいることを多くの人に知ってもらう仕組みをつくる。透明なアクリルで船をつくり、水族館のように船底から自然のままのアワサンゴがみられるようにする。そんなツアーを企画し、観光客を増やす。島に来る人、泊まっていく人を増やし、周防大島の経済を活性化させる。

ことしのメンバーは、内閣府にも高く評価されたそのプランを引き継ぎつつ、さらに新たな政策アイデアを加えながら、新たな提案にする。試行錯誤の時間はおよそ半年。毎週月曜午後の2時間の授業のほか、放課後の時間なども使って島の大人たちへのききとりやアンケートを実施。いくつものアイデアから、ベストなものを絞り込んでいく。

素直な好奇心と進取の志。これが里山資本主義の最先端の実力なのか。彼らがまるで、夢中になって読んだ小説『村上海賊の娘』の主人公たちにみえた。

校長先生の許しを得て、なんども高校に通った。

親しげにわざわざ挨拶しにきてくれたのは、警察官志望というスポーツ万能の江本弥生さん。応接室に座っていると、ふいに顔を出す。少し話したあと「ジブンは授業がありますので」とかいって、去っていく。重村先生について朝礼前の体育館に入ると、村田くんがにこにこしながら近づいてきて「きょうはなんですか」などと声をかけてくれる。とにかく、コミュニケーション能力が高いのだ。スマホもイマドキの若者らしいスピードで見ているが、のめりこんでほかのことに目がいかないようにみえる都会の若者とは一味ちがう。私が会話の中で「使わくなって繁茂し放題の竹をつかって、ビジネスが起こせればいいよね。トイレットペーパーとか歯ブラシとか、実はいろんな加工術が編み出されているみたいだし」というと、「なるほど、いいですね」とかいって、自分のプランとしてとりいれていく。

一学期の終業式が終わって、さあ夏休みという次の日、重村先生に誘われ、地元の小学校を訪れた。周防大島高校の有志が小学生の勉強をみて教える会が開かれていた。机に座った小学生の横についたり、前にしゃがんで目線をあわせたりしながら、算数や国語などの問題を一緒に解いている。子どもの扱いが、とにかくうまい。

新村くんに、算数を教えるコツがあるのか、と尋ねた。「中学校にあがると方程式さえ身につければいいから、ある意味簡単。小学校の算数は、つるかめ算とか和差算とか、いろいろおぼえないと解けないから、案外難しいですね」という模範解答が、すんなり返ってくる。真剣な中学受験を経験した私自身の考えと、まったく同じだ。

「特別授業」がおわって外に出た。重村先生が操り、高く舞い上がるドローンを、歓声をあげながら見上げている。小学生の肩に手を置いたりしながら、短い時間で仲よくなった高校生と小学生がみんな、いったいとなって。

小学生たちは「こんな高校生になりたい」というあこがれをもって、これから暮らすことになるのだろう。子ども目線を忘れたしゃくし定規なおしつけとか、がんじがらめの教育現場とか、現代の日本の教育の「惨状」を嘆く向きに、ここにきて素直にみたら、未来がみえるのでは、といいたくなった。

## “高校3年間を「受験勉強だけ」にしたくない”

校長先生に直接了解をとっていただく形で、遠方からこの高校に留学してきた1年生にも直接話がきくことができた。試験期間中の土曜日の朝、雨の降る中、女子寮に向かい、校長先生と落ち合った。

階段をおりて、食堂に入ってきたのは、埼玉・川口でマンション暮らしだったという服部真歩さんと、熊本のブルーベリー農園の大家族という興梠向日葵さん。対照的なふたりだが、かわるがわる話すその内容は、ふたりあわせてひとつのこと、となっていた。

まず、私の質問に反応したのは服部さんだった。中学まで過ごした埼玉県の大学受験競争は苛烈だ。高校生活の3年間が受験一色になるのは、目に見えている。それだけは嫌だと思っていたとき、周防高校の校長先生の話をきく機会があった。生徒がつくったという塩をもらっておにぎりを作ったら、びっくりするほど美味しかった。寮もきれいだというので見に行った。沖縄などにも行ってみたが、周防大島への留学を決めたと、よく通る声で話してくれた。

大都会から移住した服部さんならではの気づき。阿蘇のカルデラの広大な草はらのまだ向こうからやってきた興梠さんの気づき。真逆なのだが、いいたいことは一緒。毎日の会話に発見がある。その発見が日々の思い出になり、自分自身の成長の実感となる。ひっきりなしに次の電車がくる川口の環境と、バスは1日数回という熊本の環境。「ばらばら」にきくと、それはある種、誰でも知っている平凡な話だ。しかし、このふたりのシチュエーションに置いてみると、きらきら輝くまたとない体験となる。

それはなぜか。簡単なことだ。このふたりは、この若さで人生をかけ、この地で3年間を過ごすという「リスク」を背負ってやってきたチャレンジャーだからだ。不安もあっただろう。ここに来てからホームシックになったかもしれない。でも、やりきるしかない。前向きにすべてを受け入れ、乗り越えていくしかない。そんな決断をし、決然と生きる姿が、まぶしかった。ここにこそ、閉塞する日本と日本人の突破口がある。

食堂でのインタビューのあと、ふたりの部屋をのぞかせてもらった。服部さんの部屋にはキューポラの町にちなんだキャラクターの人形。興梠さんの部屋では、最近仲良し組でよく話す謎の音の話。「トイレの神様」に負けず劣らずのトークが展開した。

そして、ふたりが興味をもったという松嶋匡史さんのジャムカフェにいってみようという話になった。

重村先生の車を降りると、カフェの前に松嶋さんが待っていた。挨拶もそこそこに、ジャムがどうつくられるか、なにが島の経済に貢献することになるのか。客のニーズをどうつかむか。期待をこえる提案や商品展開を、どう思いつき、実現するか。松嶋さん一流の、自然だがレベルの高い話に、ふたりと、横できく重村先生が熱中している。ちょうどいっぱい実をつけたブリーベリーをつみますかという話になり、こんどはブルーベリーに関する特別講義がはじまる。さすが家族がブルーベリーの達人である興梠さんが、的確な質問。

最後は、松嶋さんのはからいで、季節のデザートの試食となった。そこは高1女子ふたり。きゃっきゃとはしゃぎながら、大きな口をあけて堪能した。

思い切って周防大島に来たからこその、またとない体験がまたできた。ふたりの成長も引き続き見ていきたい、と思った。

夏休み、ミュージシャンのサンプラザ中野くんそっくりと誰もがいう教頭先生から保護者に電話していただき、了解をいただく形で、「家庭訪問」をすることができた。

東京の自宅から埼京線で川口駅へ。若々しいおかあさんと並んだ、おしゃれなワンピース姿の服部さんに迎えられた。駅のすぐ近くのマンション群の一棟。ダイニングのテーブルをはさんで座り、いくつか質問した。帰ってきて今、どんなことをしているか。川口の実家に戻ってから、毎日とにかく眠っているという。わかる気がした。でも、帰ってきたその日は、夜だったのに、とにかく話したいと数時間、語り続けたそうだ。

将来の夢の話になった。しっかり勉強して医学部に入りたい。周防大島の医療を支えるとか、そんな仕事ができたらいいな、と母子で楽しそうに語っていた。

そして最後に、こんなことを私に言った。

「体育祭に、すごく楽しみにしている競技があるんです。男子は騎馬戦で、女子は大きなタイヤの争奪戦。それをぜひ見て欲しい」

体育祭は、夏休み明けすぐにあるという。必ず行くと約束して川口をあとにした。

数日後、こんどは阿蘇熊本空港からレンタカーを運転し、興梠さんの実家に向かった。道沿いに興梠とかいた建物があった。車を降りると、お父さんが出てきた。建物にはいると、お母さんと興梠さん、それにふたりの弟が並んで、その朝つんできた大量のブルーベリーの仕分けをしていた。興梠さんは、帰ってきた翌日から、最盛期となったブリーベリーの収穫を、当然のように手伝っているという。ハウスの調整までしているというから、手伝いの域をこえた主戦力といえる。

興梠さんの好奇心と行動力は親譲りであることがよくわかった。松嶋さんに興味がわいたといって一念発起。両親が交代で車を運転し、夜を徹して周防大島をめざした。朝、瀬戸内海をのぞむ瀬戸内ジャムズガーデンの前に着いた。まだ開店前だったが、通りかかったみかん農家と話して意気投合。以来、いろんなつきあいや刺激を通じて、周防大島高校への留学をしたいとなった。中学を出たら、いずれにせよ家は出て、どこかの高校にというのは、前々から決めていたという。

いくつか案内したいところがあるということで、お父さんのバギー車の助手席に乗り込んだ。勢いよく発進。10分ほど走ると、林の中に大きな芝生の空き地が現れた。バギー仲間が集まって大会などをひらくとき、拠点となる場所だという。倉庫のような建物の中には、小型の二輪車。興梠さんと弟がエンジンをかけ、器用に運転する。木陰に椅子をだして並んで座り、しばしこの環境を満喫した。

木々の間をぬうようにバギーで走り、スリルを味わったあと、数分先のブルーベリー農園へ。両親と興梠さんが、ブルーベリーの大きな実をいくつもつんで一気に口へ運ぶ。作業の間の水分補給法で、一番うまい食べ方だと説明され、やってみたらと促された。頬張ってみた。口の中がブルーベリーの果汁でいっぱいになった。

でも、この夏はこのあたりでも今までにない大水が出た、という話をしながら作業場に戻ると、出るときにちらっと見て気になっていた大きな鶏が玄関の前にどっかり陣取っている。体高50センチほど。青や緑の豪華な色。弟たちがブルーベリーをやりはじめた。おいしそうに食べている。まるで家族の一員。目の前で次々繰り広げられる、自由奔放な田舎暮らしに圧倒されながら、再会を期して空港に向かった。

空港に着くなり天にわかにかき曇り、ものすごい大雨となった。乗り込むはずの飛行機が空港に降りられなくなり、ただただ天候の回復を待つしかない。耳をつんざく雷鳴と、この世のものとは思えないような雨に呆然としながら、それでも気候変動の嵐などに決してめげそうにない家族の記憶を、反芻していた。

## チーム・オムライスが向きあう瀬戸内の島の未来

チーム・オムライスの3年生のお宅も、何軒か訪問した。重村先生、松嶋さんの瀬戸内ジャムズガーデンにインターンできていた東京の大学生も加わって、松嶋さんの店にほど近い定期船の発着所へ。向かうのは、沖にうかぶ小さな島、浮島《うかしま》である。

小雨が降ったりやんだりという天気だが、波を分けて進む船の上は、風をうけて快適。10

分もかからず浮島についた。

船を降りたところに、村田結透くんが待っていた。ピンクの髪留めが似合っている。高校でみるよりさらにフレンドリーでリラックスした表情。自宅に向かった。集落のまわりの木には、青みかん。雨のしずくをしたたらせて光っている。

浮島は、このあたりの名産品であるいりこ用の小さないわしなどをとる、拠点の島。村田くんのおじいさんも現役の漁師だ。村田くんは、福岡の大学進学を目指していて、看護師になりたいのだという。幼い頃、ぜんそくに苦しんでいたとき、看護師さんに支えてもらったそうだ。気が利いて優しい村田くん。絶妙の志望だと思った。

その後、港にみんなで行っておじいさんの漁船を見せてもらい、村田くんの母校である浮島の小さな小学校を訪問。校長先生に挨拶して、高台にある小学校からの海の風景を堪能した。昔は城の建設などに使う石材を切り出していたという港から、村田くんも一緒に船に乗り込んだ。この日は高校で、政策アイデアについて、広島市のコンサルタント会社の専門家の知恵を借り、内容をブラッシュアップすることになっている。

船の降りたあと、高校へ向かう村田くんといったん別れて、チーム・オムライスの別の生徒の家を訪ねた。オイルサーディンなどのヒット商品を開発した里山資本主義の番組出演者の息子でもある、新村琉斗くん。最近建ったと思われる真新しい家で、愛犬の面倒をみながら、テーブルいっぱいに参考書などをひろげ、受験勉強をしていた。福岡の大学の経済学部を目指しているという。天気が回復し、青い輝きを取り戻した家の前の海を眺めながら、将来についていてきいてみた。お父さんの仕事を継ぐかどうかは決めていないが、経済学をしっかり学び、周防大島の経済に貢献したい。静かだがしっかりした口調で、そう語ってくれた。

周防大島高校の生徒たちは、それぞれに自分の将来と島の未来をまっすぐ見据え、やるべきことをやりながら、丸い島と穏やかな海の風景の中で、いきいきと暮らしていた。周防大島も連日酷暑で、大汗をかきながらの取材だが、だからもうだめだとか、絶望しかないとかいう話には決してならない。そのことが、実に腑に落ちた家庭訪問だった。

## 真夏の体育祭、そして「勝負の秋」

そして2023年9月1日、2学期が始まった。朝、高校の体育館で始業式が行われた。しかし、いつも大きな声で多くの生徒に声をかける重村先生の顔が見えない。村田くんたちチーム・オムライスの面々も、いつになく無口で厳しい表情。いったい何が起きたのか。

校長先生が壇上で語ったあと、生徒会の新たな執行部が紹介された。いち早く、3年生から下級生にバトンタッチするという。新メンバーが壇上にあがる。見覚えのあるふたり。なんと興梠さんと服部さんの姿が、そこにあったのだ。ふたりで手をあげ、承認されたというのだ。

しかも新生徒会の最初の取り組みは、大火事が報じられるハワイへの寄付金集めだという。もともと周防大島からハワイへ多数の移民が渡った縁で、毎年、主に2年生が語学研修旅行でハワイに行く。向こうの高校生と交流をしている。数日後の体育祭からしばらくの間、ひろく町民などに呼びかけ、寄付を募るのだと説明された。

それにしても、重村先生とチーム・オムライスの「異変」は、それとは関係がない。よくきくと、それぞれ別の事情で、いつもと違う行動、表情になっていることがわかった。

重村先生は、新学期早々とある部屋にこもり、政策アイデアのメンバーたちが集めた島の情報や新たな提案を企画書のかたちにするための基本的な枠組みづくりの作業に追われていた。ここ数日で土台を形にしておかないと提出期限に間に合わないことに気づき、真っ青になりながら突貫工事的にパソコンに向かっているのだという。

いつも余裕綽々で、よく通る声で廊下などで生徒に話しかけては、いろんな面白いことをしかける重村先生の別の顔を知り、なんだかうれしくなった。

一方、村田くんや江本弥生、松永姫南のスーパー女子ふたりが「決然とした」態度だったのは、別の理由だった。赤隊・白隊（周防大島高校では伝統的に「組」でなく「隊」と呼ぶそうだ）

の対決となる体育祭。その戦いの先頭に立つ「応援リーダー」を彼らがつとめるというのだ。本番まであと3日。始業式のあと、両チームは分かれて、1年生から3年生が一緒になって、応援合戦の練習をはじめた。女子ふたりが、それぞれ練習の指揮をとる。音楽を流し、一度やってみて、下級生たちに直すべきポイントをマイク片手に、的確に伝える。体育祭の最後を飾る選抜メンバーのリレーの直前に披露される応援合戦。その得点が優勝を左右するポイントなのだ。女子ふたりは、応援合戦を率いたあと、リレーのメンバーとしても戦うという。赤隊と白隊に分かれて。

村田くんは赤隊リーダーの「軍師」的役回りを引き受けていた。応援合戦の練習時間、ちょこちょこ動きまわって、ついてこられない生徒がいないか目配せしていた。

生徒が力をあわせてテントをはったり、怪我をしないよう校庭に落ちている石をひとつひとつ拾ったり。照りつける日差しの中、そんなあれこれをするうち、体育祭本番の日を迎えた。

晴れ渡った朝、ちょうど登校してきた白隊・弥生さんと応援団長の野球部男子に会った。短く決意を語り、きびすを返して校舎への坂をのぼっていく弥生さん。団長に「きょうはどんな日？」と尋ねたら「おれが一生で一番もてる日！」と叫んだ。

きょろきょろ校庭を見渡していると、重村先生が大股で歩いてくる。細長い黒いサングラスで決めている。手には得意のドローンカメラ。例の政策アイデアの「突貫工事」を、前日の夜、はれて終えたという。

生徒会のメンバーは、ハワイへの寄付金集めの箱を用意している。トラックのまわりに、子ども連れの親子が、次々と敷物をひろげ、水筒のお茶を飲む。

戦いの火ぶたが、切って落とされた。

どんどん気温があがる。気候変動に対応して、あらかじめプログラムを午後1時終了に変更した判断は適切だったと改めて感じた。1年生の服部さんが楽しみにしていた騎馬戦の女子版・タイヤ争奪戦は、想像以上の迫力。ものすごい形相で最後の最後まであきらめることなくタイヤを奪い合う姿は、なんだか気高く美しいものだった。小さな子どもたちも含め会場のみなさんも参加して、全員が輪になって踊る周防大島音頭のあとは、いよいよ応援合戦と、選抜リレーを残すのみ。

応援合戦の先攻は、弥生さんの白隊。シンプルな構成で切れのよさを際立たせる。オレンジの口紅の弥生さんは、実にいかしていた。後攻の、姫南さん・村田くんの赤隊は、コミカルな音楽や踊りをまじえた見ごたえをアピールした。互いに相手をたたえる歯切れのいい声が、妙に古風で気持ちよかった。

そして最後を飾る選抜リレー。リレーには出ない村田くんは、応援団をまとめ、打ち合わせ。弥生さんと姫南さんは、選手の列に並ぶ。号砲がなる。1年生女子には、女子寮の仲良し組のひとりも選手として疾走。直後に医務班のテントへ。心の中で拍手を送る。

3年女子のふたりあたりから、スピードがまた一段あがった。ほれぼれするほどしなやかで長い足がものすごい速さで半周。バトンをつないだ男子が1周をかけぬけた。青春が爆発したリレーが終わった。

アツイアツイ体育祭。その日の夕日は、いつにもまして赤かった。

## チーム・オムライスが切った、ゴールテープ

その後、チーム・オムライスは、島の起業家など、おとなたちが集まる会で、それぞれのメンバー一押しのプランを発表した。緊張するといつも何もいえなくなって「カタマル」中部海都くん。おとなたちを前にして記憶が全部とんでしまったが、それでも発表しきったそうだ。プランをきいた大人たちから忌憚のない意見をいろいろもらってさらにブラッシュアップ。提出期限に余裕をもって、冊子にまとめた。

一時はやったパラグライダーのブームが下火になって、町の施設が使われていない嵩山《だけさん》という島一番の高峰と麓の高校を結び、一気に降りる痛快な体験を提供するジップラインの提

案。トレーラーを使った格安のホテルを高校生のセンスで飾り、運営するプラン。新村くんは、朝の天候などに応じて島のいくつかの場所からベストを選んで空にあげる熱気球の体験飛行を提案。村田くんは、私と話した繁茂しすぎる竹の活用プランをさらに進め、環境もよくしながら観光客も喜び、町の経済を活性化する案に高めていた。

周防大島高校は、審査の結果、県予選を突破。中国5県の審査にのぞんだが、おしくも全国大会出場をのがした。しかしその全国大会で異例のことが起きた。合間の時間、会場に周防大島高校の制作した映像が流されたのだ。直後に高校を訪れたら、校長先生が満面の笑みで「もう見ましたか？　ユーチューブで見てくださいね」と、教えてくれた。

2023年もあとわずかという、ある日。チーム・オムライスのメンバーと、ふたたびあの坂をくだって、あの店へ向かった。

成長したと思うかと、村田くんにきいた。成長したかはわからないが、いい経験だったとこたえた。弥生さんは、その日の朝、結果を待っていた山口県警の受験に合格したことを確認したとのサプライズ発表。重村先生が、大きな声をあげて喜んだ。先生の横に座る「カタマル君」こと中部くんが、先だって受けた大学入試の面接で「全然あがらなかった。完璧だった」との報告。それをきく重村先生のうれしそうな顔といったら。

一皿ずつ運ばれてきたオムライスが全員にいきわたったところで、いただきますと声をあわせた。それにしても、みんなうまそうに食べる。いっきに食べるものもいるが、姫南さんは、ひとくちずつ、味わって味わって、満面の笑みで食べ終わった。姫南さんはウエディングプランナーをめざしていて、福岡の専門学校にいくと決めている。

重村先生は、前に座る新村くんが「スベリドメの大学を受けるのを躊躇している。親に迷惑はかけられない」というのをきいて「それは親孝行じゃない。勝負のときくらい親にわがままをいうべきだ。それを親も待っているはずだ」と熱く語っていた。

がんばったご褒美のはずのオムライスの会は、彼らが今まさに立ち向かう受験の、祝勝会と決起の会になっていた。

食べ終わったあと、実に手際よく、空になった皿をテーブルの1カ所にきれいに積んで、高校生たちは教室に戻った。整然たるオムライスの皿。彼らの成長を静かに示していた。

彼らのダイナミズム。それは、長い長い歴史の中で瀬戸内海を縦横無尽にいきさした、海賊と重なるようだった。水の上の交通や物流を仕切り、関税などとって秩序を保ちながら、時に武力も行使した海賊たち。都とか幕府とかで書かれた「正史」には、さっぱりでてこない。しかし考えてみれば、ジパングとして世界にその名をとどろかせた海洋国家を支えた彼らの存在なしに、水の道の歴史が語れるだろうか。遣唐使船に平清盛。戦国時代、織田信長の兵糧攻めに苦しむ大坂・石山本願寺に米を届けたとされる毛利軍と村上水軍。幕末、まさに周防大島を舞台に戦った高杉晋作など松下村塾の面々も、広島・福山の風待ちの港・鞆の浦に潜伏していた坂本龍馬も。海賊といわれる海の民、それとつながる川の民の存在なしに、語れるはずはない。

ホントウにダイナミックな日本史は、ウルトラウォーターの歴史なのだ。だから、周防大島高校の面々なのだ、というのが、私の直感的理解である。

# 第3章

# 〝姿なき天才〟を追って

## よわきちいさき「神」ぞ棲む、謎の国ジパング

橘逸勢の歴史が残る、遠州の山名神社祇園祭（龍）

## 30年ぶりの再会、そして「姿なき天才」への不思議な〝お導き〟

うってかわって、日本史の「知られざるヒーロー発見」とでもいうべき出会い、取材の連鎖と考察・思索の旅についての報告である。

2023年10月から月に一度、静岡・袋井を中心に静岡県の各所で、とある連続講座をひらいた。通しタイトルは「姿なき天才　橘逸勢《たちばなのはやなり》」。

もちろん私は書家でも歴史家でもない。それなのに「日本三筆のひとり」として知られるこの平安貴族に突然、熱中。とうに大好きを通り越して、少なくとも「この1000年あまりで一、二を争うファン」たろうとしている。

平安時代のはじめ頃、確かに実在したのに、その実像はほとんど謎という、橘逸勢。三筆の「あとふたり」は、日本史のスーパースターといってよい、弘法大師・空海と、京都に都を移した桓武天皇の子で平安時代の礎を築いた、嵯峨天皇。知る人ぞ知る存在どころか、知らない人はいない。

なぜそんなに「わからない」のか。「わからないまま」にされてきたのか。

なんだかとても魅力的らしい気配が、ただよっているのに。

今風の言葉づかいをすれば「ハヤナリのいとこが嵯峨天皇の皇后カチコで、絶世の美女として知られていたから、かなりのイケメンだったのでは」と思われるのに――。

1000年ものあいだ、ほとんどかえりみられなかった「水もしたたるいい男」を主人公にした「ミステリーの森」を歩き続けて1年あまり。いつしか、そうした謎解きをすべき時代に生きているということかもしれない、と考えるようになった。

こういういい方も、していいかもしれない。

この稿は、産業革命以来とか、西洋近代が幕をあけて以来とかいう「時代認識」を基本にし、戦後の日本と日本人が突き進んだ高度経済成長の常識に疑問を呈しながら、考察を繰り広げてきた。しかし今、私たちが直面している事態や問題、できごとは「100年単位のこと」なのだろうか。

里山資本主義の番組が産声をあげた2011年におきた東日本大震災。あるいは同名の新書が世に出て10年となる2024年1月におきた能登半島地震でも、専門家たちは口々にこんな説明をしている。

――1000年単位でしかおきないことが、起きている。

「1000年単位のできごと」に、いやおうなく向き合う時代に、私たちは生きているのだ。

もうすこしいえば、「ハワイの大火災はたぶん1000年単位」とか「核兵器使用による殺戮や破壊は1000年単位以上の人類の危機」とか、野球というスポーツはそんなに続いていないとはいえ「大谷翔平という世界中を魅了する日本人もたぶん1000年に一度レベル」とか。よくよくまわりを見渡せば様々な「1000年単位のできごと」だらけ。日本オリジンの里山とは何か、とか考えてきたのだから、一見範囲外のようで実は「ど真ん中の直球」かもしれない。

先にひとことだけ申しあげておく。このミステリーをたどっていくと、またもや「水の道」の存在が見えてきた、ということを。

## 龍馬を見出した作家も「見えなかった」秀才

緻密な取材と新資料の発見、加えてそれを読み込み力において定評のある、あの昭和の大作家・司馬遼太郎でさえ、長編小説『空海の風景』に何回か登場させるものの、ひとことでいえば「取るに足らない人物として描いた上で素通りした」男。それが橘逸勢だ。いち読者である私の「行間からの想像」にすぎないのだが、実像を探ろうにも、資料らしい資料はなかったのではないか。そんなことを思いながら、何度も読んだ。

老齢にさしかかる頃、突然謀反の罪をきせられ、伊豆に島流しとなり、その道中の遠州で病死したのが最期とされ、そのことは日本最初の正式な歴史書・日本書紀につづく一連の「正史」に記されている。後に罪は許され、お骨が都に運ばれて、やがて「神さま」として神社に祀られたというのだが、分析してなにごとかを解き明かしていくような「ひっかかり」がほとんど見つからない。

だから、空海についてとことん調べ、考えに考え、書きに書いた司馬さんも、さじを投げたと、感じている。同じ遣唐使船に乗って唐の都・長安に行き、1年半同じ寺に暮らし、帰る時も同じ船で……という存在が、はっきりいえば邪魔で仕方がなかったようなのだ。

一方、テレビマンの性《さが》なのか、ミステリアスであればあるほど興味をそそられる私は、ハヤナリの最高傑作とされる平安時代の書「伊都内親王願文」の、書道を志す人向けのテキストを買い、取材のかばんに入れて持ち歩いては、飽かず眺めていた。

そして、ある時「秘密の部屋の鍵」のようなものを「みつけて」しまったのだ。

ほとんど手つかずのミステリーゆえの、「三歩進んで二歩さがる」取材や考察によるいろんな体験や気づきを、ともに羅針盤なき歴史の旅を続ける静岡・袋井の旧知の書家・大杉弘子さんと語り合ううち、こんな話になった。

――妄想みたいなことかもしれないけれどなんだかおもしろいから地元の方々にお話しする講座をはじめてみよう。

いい感じで「進化」をとげていると思っている。講座は2023年10月から毎月1回、ゆかりのお寺などをめぐりながら、6回続けた。第5回となる2024年2月14日は、静岡県立袋井高校の同窓会館で、校長先生も出席のもと、書道部の生徒さん相手に課外授業のカタチで行った。ちょうどこの日はバレンタインデー。それにちなんで、タイトルは「バレンタインに、ハヤナリを臨書したい。〝倶《とも》に愛河に出で〟」とした。そんなくだりが、伊都内親王願文の中に実際にあることを、見つけていたのである。

毎回の案内ハガキをつくるのに、琵琶湖など様々な取材先で撮った水辺の写真からイメージにあうものを選んだり、キャッチな「その回のタイトル」を考えたり、当日配るレジメをつくったり。その後の新たな気づきなどを、いわば「うなぎのたれをつぎ足すように」加えていくうち、「何か」が見えてきた。

それはまさに「もうひとつの日本史」をひもとくような意味合いをもつのではないか。そうした確信を、少なくとも私と大杉さんを基点に、講座をきいていただいた書家や新聞記者や文化人、地元高校の先生や生徒も含め「相当数の人」と共有しはじめている。

## 30年ぶりの初任地ではじまった「平安ミステリー」解明の旅

ここに至る過程も、かなりミステリアスのものだった。

この歴史探訪。それは私のもとに届いた、とある手紙から始まった。

2022年の年末ちかく、私はうつ病の間に職場に届いていた郵便物の整理をしていた。中に、ちょっとかわった手紙があった。初任地・静岡で大変世話になった書家・大杉弘子さんからものだった。

手紙と一緒に、大杉さんが最近催された「橘逸勢に関するシンポジウム」のリーフレット。しかし、どこにも大杉さんの連絡先がない。主催者である袋井市教育委員会に電話し、趣旨を話した。数分後、携帯電話がなった。きき覚えのある声。袋井で再会しようという話になった。

久しぶりで土地勘がなくなり、飲み会には遅刻したものの、無事、懐かしいみなさんと乾杯した。私にとってNHK入局初の本格ドキュメンタリー番組の取材・制作でお世話になっただけでなく、事後に開かれたシンポジウムで司会をさせていただいた仲。三十数年ぶりとは思えないほど、どの顔もよく覚えていた。

東海北陸エリア向けに放送された『なんだこりゃ〜巨大アート出現・静岡県袋井市〜』という、なんとも私らしい人を食ったようなタイトルの30分番組。ニューヨークやヨーロッパで活躍していた新進気鋭の芸術家・川俣正さんを袋井に招き、駅前の再開発で取り壊されることになった銀行の赤レンガの建物を「鳥の巣のように木切れを打ちつけて囲う」インスタレーションと呼ばれる、社会をまきこんだ芸術の現場に数カ月にわたって密着取材した。大杉弘子さんは、そのアバンギャルドな芸術実験の実行委員長で、自身も建物内に書の最新作を所狭しとかかげた。

近所のひとや、なんだか気になって見にきたお坊さん。ちょっと道路にはみ出てるからさげるようにと注意しにきた警察の人から、なぜかこの芸術活動に感化され何度も足を運ぶことになった中学生。そしてすぐ近くに長年住み、いつも赤レンガを自慢していた90歳のおばあさんまでまきこんで、確かにひとつの社会現象が起きた。人々の記憶に強烈な何かを残して、袋井駅についたらいつも出迎えてくれたメルクマールのような古い赤レンガの建物は、壊されたのだった。

そして今度はその袋井で、1000年以上も前に突然流罪となり、このあたりで不遇の死をとげた貴人、橘逸勢である。

偶然に偶然が重なった。再会の乾杯をした翌日、せっかくだから袋井の有名な名刹などをまわろうということになり、用福寺という寺の境内に安置された「ハヤナリの最期を示すという素朴な石積みの供養塔」と、ハヤナリの代表作とされる伊都内親王願文を刻んだ石碑を見て、スマホで写真を撮った。

翌日、いつもいろいろ教わっている狂言師・松本薫さんと、実家のある京都で会った。松本さん御用達の瀟洒なカフェのオムライスを食べながら、ふと前日撮ったスマホの写真を見せた。

「橘逸勢の墓みたいなものだというんですが、ご存じですか」

いつも冷静な松本さんが、目を真ん丸にした。

「この方を氏神としてまつる桂離宮のそばの下桂御霊神社という社と、その総代をつとめる家族と、親しくしている」とのこと。不思議な縁だ、といいながらも、その日はそれ以上の話にならず、一緒に京漬物の店などをまわって別れた。

気になってしょうがない。大杉さんに電話して袋井を再訪した。旧知の郷土史家のクルマで、用福寺をはじめ関係の場所をいくつかまわった。大杉さんがまとめた基本的な資料をもらい、夜にホテルでそれを読んでノートに整理したり考えたりするうち、ある気づきにとりつかれた。

菅原道真みたいなひと、だったのではないか。

あらためていうまでもなく菅原道真とは、平安時代に絶対的権力を握った藤原氏によって大宰府に左遷された秀才政治家で、怒り狂って亡くなったあと都にたたりのような雷など大変地異が相次いだため、その霊をいさめようと天満宮を建ててまつり、学問の神様になった人物である。

大杉さんの資料によれば、皇太子を擁立してクーデターを起こそうとした罪で伊豆へ流され、道中の遠州で病に倒れたというハヤナリだけでなく、この名門の家系は曾祖父の代から藤原氏と権力争いを演じて、まさに死屍累々。中でもハヤナリは、後に復権させられるものの、遠流にあたっては橘の姓まで剥奪され、仕えていた嵯峨天皇との関係や宮中でなにをしたかといったことも記録がまるで残されていない。まさに消されたような存在だったようだ。

日本三筆のひとりとされるのに、である。ほかのふたりとの落差たるや。嵯峨天皇はいくつも書の名作が残る天皇だし、もうひとりの三筆、空海・弘法大師は書家としても日本史上もっとも有名といってよい。しかもハヤナリは、空海と同じ遣唐使船で唐の都・長安に渡り1年半を同じ寺で暮らした仲。

あの菅原道真だって、人となりを知る様々な資料や情報がある。それなのに、ハヤナリについては、なぜ何も残っていないというのか。

テーマ、あるいはタイトルのような言葉がアタマにうかんだ。

「姿なき天才　橘逸勢」

翌朝、一晩の「成果」を大杉さんとクルマの中で語りながら、この件に関して一番詳しいと地元で一目置かれる袋井の隣、森町の古い街並みの中で代々続く糀の店のご主人で、町の教育委員会の一員として長年調査などもしてきた北島恵介さんを訪ねた。

北島さんは、大杉さんの手紙とともに送られてきたシンポジウムで講演した静岡大学名誉教授の歴史学者・原秀三郎さんに、情報や資料を提供した「超ものしり」である。

突然の訪問だったが、店先のテーブルで、森のあちこちに残るハヤナリや橘家に関する様々なことを語ってくれた。

――ハヤナリの娘で、復権の際にはお骨をもって京都に帰ったが、その後遠州に戻り、7町歩の田んぼをもらったと記録にある妙冲の子孫が、今も暮らしている。

――橘と名づけられた集落が、とある寺をはさんで上の方と下の方の2カ所にある。

手書きの地図で位置関係を示しながらの詳細な解説に、ききいった。

そして、北島さんの語った人物の名に、こんどは私が目を丸くした。

――少しあとになって、そこに菅原道真の配下にいた3人がやってきて、身をよせたという。その子孫も、すぐ近くに今も暮らしている。

菅原道真の人生にどこか似ている、どころか、菅原道真と橘逸勢・橘家は、ひそかに通じ合い、藤原氏専制の世を生きのびたというのか。森町にくる間に「菅原道真みたいな話ですね」と私が何度もいっていたので、となりできいていた大杉さんも、驚いた顔で私をみつめた。

とてつもない世界の入り口に立っているのではないか、という衝撃だった。

おもえば岡本太郎が「わびさびとかいって日本らしさを強調するのが嫌いだ」というように、私も平安時代以降のかな文字とか源氏物語の世界とか、そういういう文化の系譜に、苦手意識をもち、そうなる前の日本である「縄文」をダイレクトに取り戻すべきだと考えていたわけだが、それは浅はかなことだったのではないかという気になってきた。

日本という国、あるいは日本人というものの「ホントウの姿」を見ようとするとき、地方に残された「わけがわからないが興味深い古いもの」の大切さにひかれたことにも、改めて思いを致した。私が「師」と位置づけその著作を読んできた宮本常一や網野善彦が地方をめぐり、そこに残されたものを丹念に記録し、分析して明らかにしようとした「もうひとつの日本史」の意味と重なるかもしれない。この国には、いわゆる権力闘争とか権謀術数とかいうものに敗れたものたちが、実は滅びることなくその後も地方でしぶとく生き続けた歴史があり、それが今につながっている、ということなのかもしれない。

別の言い方をすれば、そうした「敗者」が、日本の世界に稀にみる多様性、自然との関係も含めた「古くて新しい」考え方や生き方を維持する担い手だったということなのではないか。支配する側とされる側といった単純構造ではない形で、西欧や、中国でさえ維持・保存できなかったことやものを、現代まで保ってきた「タイムカプセル」が日本の津々浦々にあったということなのではないか。

しかもそれは「姿なき」まま、あらわれたようなのだ。宮本常一がいう「忘れられた日本人」が、のっぺらぼうのまま、突然あらわれた瞬間だったといいたいような、ことだった。

北島さんが、少し時間があるからと自らクルマを運転し、地図に書いた主要箇所を次々案内してくれた。クルマの中で、あるいは降りたところで語られる「いきいきとした実証」。橘の集落の子孫という方が北島さんに挨拶し、家に向かって歩いていった。菅原道真に行けといわれて橘家の末裔を訪ね、そのまま住み続けたという子孫の家が、ハヤナリの娘・妙冲が朝廷からもらったという7町歩の田んぼのすぐ近くにあった。

なにより印象的だったのは、ハヤナリの時代の伝統ある舞楽が残るという高台の神社には、今も清冽な水をたたえる古井戸があり、丘のすぐ下には、そうした山から流れくだる水を集める太田川という川が見える。その名前からして、太古の時代から切った山の木を筏にして流した物流の大動脈だったということだ。ハヤナリの供養塔がみつかったという田んぼも、太田川のすぐ脇。さらに、ハヤナリに関わる文献などを丹念に調べた夏目甕麿という昭和初期の学者によれば、ハヤナリの父・入居は、桓武天皇が遷都した直後に琵琶湖を有する「近江」の行政府のナンバー2となり、さらにその数年後には浜名湖のある「遠江」の行政府のトップになって、今の磐田市あたりで暮らしていたという。琵琶湖の魞漁が平安時代に本格化したことに鑑みれば、彼は都の膨大な人口の食料調達を任務のひとつとしていた可能性が高く、それらはすべて「水の道」でつながっているということになる。橘氏のしぶとさは、この水の道とおおいに関係があり、いつのまにか姿をくらましては、国家の一大事になるとまたどこからともなく現れ重要な役割を演じる。そんな一族であったのかもしれない。

ところで遠江の大都市といえば、戦国時代に徳川家康が拠点を置いて以降は浜松であり、天竜杉で筏を組んで木材を流したのも大河・天竜川となるわけだが、そうした一種のカムフラージュで隠されたカタチで、天竜川の東の袋井や森が、古《いにしえ》の記録や祭りを保存し、伝えてきたことも興味深い。

私はその後も、大杉さんに「遠州に今も残る古いお祭り」などがあるときくと、そのたびに足を運び、この目でみては、写真や映像として記録した。

## 桂離宮のそばの神社の氏子たちの敬慕

京都でも、狂言師の松本薫さんに紹介してもらう形で、桂川のほとりにあるいわれのある神社に通った。

橘逸勢を氏神としてまつる下桂御霊神社の総代をつとめる、和菓子で知られる茶店・中村軒の中村瑛治さん夫妻にはじめて会ったのは2023年3月中旬。新たにつくられたという茶室でご主人がたてられるお茶などいただきながら、神社にまつわる話をうかがった。

おかみさんは、なんの躊躇もなく、橘逸勢のことを「無実の罪をきせられてかわいそうな亡くなり方をした立派な人」と語った。

おかみさんに連れられ、松本さんと一緒に、桂離宮の脇の田んぼをのぞむ道をとおって下桂御霊神社を訪ねた。宮司さんもいない神社とのことだったが、今、総代をつとめる中村さん夫婦は毎日のように掃除しているという。近所の子どもたちが境内でかくれんぼをしている。社務所で勉強もするそうだ。

ハヤナリは、書と学問の神様なのだという。

橘逸勢といい菅原道真といい、時の絶対権力者に「パージされた」人が、神さまになる国、日本。なんだかうれしいような誇らしいような気持ちになった。

能舞台の鏡板があまりに傷んでいるのでなんとかしたいと思っていたら、京都市立芸術大学が協力してくれることになり、学生さんに松や竹の新たな絵を描いてもらったという。鏡板の張り替えが、近々、茶室をてがけた大工さんの手でおこなわれることを知り、写真や映像で記録したいと申し上げ、了解を得た。

4月のはじめ、東京を朝一番の新幹線で出て、京都・桂に向かった。若い大工さんが準備を始めていた。そこへ頭領と中村さんのご主人がいらっしゃり、挨拶。3日間に及ぶ鏡板の張り替えが始まった。

能舞台の裏にある部屋に、冬の間をかけて芸大の大学生たちが松などの絵を描いた杉板が置かれている。狭いところを通ってもち出し、貼り付けないといけないので、何十枚もの縦長の板をあわせたものに、絵は描かれた。

初日の仕事は、仮どめしてある板を一枚一枚分解して順番どおりに並べる作業と、板を貼るべき場所のうえのベニア板をはがす作業を同時並行で行うことからはじまった。頭領が全体を見渡し、段取りを一瞬にして頭の中で組み立てると、若いふたりの弟子に短い言葉で手順を伝える。

無駄のない動き。片づけて空間ができると、すぐ掃除して塵ひとつない状態にする。

表で、色あせた昔の松の絵などがみえる「下地」の状態になった頃、バックヤードでは、もち出して貼り付ける順番に板を並べる作業がちょうど終わった。

一番端から丁寧に板をあわせ、貼り付けていく。縦をあわせ、横をあわせる。少しでもずれると、最後の1枚が入らなくなる繊細な作業だ。定規のような物差しのようなものではかったあと、光学機械のようなもので光をあて、さらに確かめる。いったん仮に打ちつけ、もう一度外していろいろ確かめてから本格的にパチンパチンととめる。最初の1枚を貼るのに30分以上かけただろうか。次は20分。そして10分。そのあとは5分程度。だんだんリズムが出てきた。

昼が過ぎた頃、このまま進めていけばいいのだろう、という状況になった頃合いをみて、頭領は帰り支度。次はいつくるのか尋ねると、あしたの午後くらいかな、と言って現場をあとにした。

実は、それっきり頭領はやってこなかった。若いふたりにまかせたのである。

4月とは思えない強烈な日差しのもとで、作業はたんたんと続いた。凛とした仕事と静かな神社の空間。朝は小さな子どもを連れたお母さんたち。放課後はかくれんぼや鬼ごっこをする小学生たち。散り際の桜の花びらが舞う中、汗をふきふき、作業を記録した。

鏡板貼りも、ようやくあと少しで終わりという午後、ここを紹介していくれた狂言師の松本薫さんがお弟子さんと一緒に顔を出された。毎日私が来て、熱中して撮影しているときき、気になって見に来たという。「狂言師は、完成した舞台にしかこないから、こういうものを見たことがない。でも完成間近をみるって、なかなかいいもんですね」と、にこっとされた。

するとそこへ、大きな声で「すごいんだ！　美しい！　見てくれ！」といいながら高齢の男性が、私に近づいてきた。総代をつとめたこともある氏子だそうで、たまたま神社の鳥居の外を通りかかったら、そこからみた能舞台があまりに美しいので、私に声をかけたとのことだった。早速みてみましょう、ということになった。

鳥居の向こうにまわって振り返ると、鏡板に描かれた松の緑が、目に飛び込んでくる。横からカメラのファインダーをのぞきこんでいた、その氏子さんが、

「鏡板がぐっときれいになると、能舞台の建物のよさが見えてくるんだね。不思議だ。やっぱり本物なんだね」

「橘逸勢公とは、氏子さんにとってどういう存在なのですか？」ときいてみた。

男性は、「何百年も私たちをまもってきた存在。かけがえのない存在。やさしい存在」という趣旨のことを、情熱的な京ことばで語られた。すくなくともこの神社の氏子さんたちにとって、ハヤナリという人は「正式な歴史」としてどう説明されているかということを超越して「愛すべき人」なのだ。

そばできいていた松本さんも、感銘をうけたようだった。

ちょうどそのとき、板を貼るすべての仕事が終わった。そして最後に、いったん取り外してあったハヤナリの書の傑作とされる伊都内親王願文を写した板が、ふたりの若い職人の手でもとの場所に掲げられた。

ふたりが最後の掃除をするかたわらで、松本さんが、再生した能舞台を何分間もじっとみつめていた。口を真一文字に結んで。狂言の本番の舞台でさえみたことのない真剣な表情で。

秋にこの能舞台で、松本さんのいらっしゃる大蔵流茂山千五郎家による狂言の奉納ができないか、総代と相談しているときいていた。

一陣の風が吹き抜けた。ハヤナリが見ているような、喜んでいるような気がした。

## 京都・桂で〝人生で一番感動した〟フランス人青年

2023年4月中旬、朝の下桂御霊神社にたくさんの人が集まっていた。鏡板の完成を祝う催しが行われるのだ。神事などを準備し参加する氏子さんたち。新しい鏡板のお披露目の綱をひく、絵を描いた芸大の学生さんや先生方。能や常磐津を奉納する芸大のクラブの学生さん。「桂六斎念仏」という地元に伝わる太鼓と踊りを奉納する若い世代の氏子さんと子どもたち。そして、それを見にきた地元の人など。

普段は宮司さんがいない神社だが、この日は近くにある「大きな神社」松尾大社から権宮司さんがいらしていた。まずは本殿で、次に社務所で。そして能舞台のうえで神事がおこなわれた。氏子たちが頭をさげ、お祓いをうけた。

続いて、神社の関係者がむかって左に、絵を描いた芸大の学生さんや先生などが右に、いっせいに長い綱をひき、鏡板を覆っていた大きな白い布が取られた。

大きな拍手。

今後少なくとも100年単位で残る松や筍の絵を描くという大役を終えた学生さんたちは、その後も鏡板を愛おしそうに見ながら、指導した先生と「改めてみるとあそこがいい。そこが苦労したところ。欲をいえばもう少し……」といった話を、にこにこ小声で語り続けていた。鏡板には、絵を描いた学生の名前も、記されている。

能舞台では、学生たちによる能や常磐津が披露され、そのあと若い氏子たちに出番がまわってきた。ユネスコの無形文化財にも指定された伝統の太鼓と舞い、桂六斎念仏が披露された。

その中に、能舞台に近い一角に立ったまま、まばたきもせず見つめていた「ふたり組」がいた。桂離宮をみるためにきたらしいフランス人の20代と思われる若い男性である。実は、私が声をかけたのをきっかけに、自分たちの予定を変更してみることになった、いわゆる「インバウンドの観光客」である。

神社の中でもひときわ存在感を放つ樹齢何百年かという古木のそばに立っている、フランスの若者ふたりの姿をみかけたのはお披露目会が始まる直前。神社にやってきた「日本人」のほぼすべてに手づくりのリーフレットが手わたされ、案内役の氏子さんが手持ちぶさたにしているのを見て「通訳しますから誘ってみましょう」と申し上げ、話しかけた。

私の簡単な英語で「きょう一日だけのスペシャルイベントであること。この神社の氏神が京都に都が遷った直後に生きた橘逸勢というミステリアスな書の達人であること。古の時代から地元に伝わる太鼓と舞いなどが間近にライブで見られる絶好の機会であること」を手短に説明した。きょとんとした表情のあと「OH! Thank you!」と応じた。興味をかきたてられたようで、結局最後までい続けた。

私自身、初めて見る桂六斎念仏。

10人以上の少年少女が入れ替わり出てきて、四つ並べた太鼓を打ち鳴らす。その速さ。勢い。そしてうういしさ。神事がはじまる前、どこかの大学で教鞭をとる専門家が「そこが例えばオペラハウスのような人造の閉鎖空間をつくり、徹底した音の品質管理をしながら芸術の高みを目指す西洋式」とは根本的に異なる「例えば厳島神社の薪能《たきぎのう》のように、自然の音や日没や、沖をゆく船や観客の息づかいなど、その空間にあるすべてが共存し、活かすことで高みを目指す日本式」との違いだと、旧知の方と思われる男性に語っておられた、その言葉を思い出していた。

そしてトリをつとめた、大人たちの「祇園ばやし」の、さらなる迫力たるや。太鼓は男性。笛は見るからに達人の男性と、数人の女性たち。そして日本の伝統芸能ではおなじみの鉦《かね》。中村さんの次男の隆兵さんが、リーダーをつとめる。和菓子と同じ地下水を生かした蕎麦の店を営んでいる。桂離宮周辺の地域の伝統芸能・六斎念仏は、戦後の高度経済成長期に何度か中断し、伝承が難しくなっていたが、若かりし頃の父・中村瑛治さんとその子・隆兵さん2代にわたる情熱もあり、しっかり受け継いだものはさらに精緻に。音程や踊りの細部がわからなくなったものはあらゆる方法を組み合わせて再興するという、地道な努力を、仲間みんなで続けている。

太鼓を打ち鳴らしながらのダイナミックな踊り。独特のリズム。最終盤には「天から舞い降りたかのようないでたち」の少年が突然現れ、太鼓の大人たちに挑みかかり、そして去って、この日の奉納は終わった。

ハヤナリに関する歴史の勉強によれば、京都の夏を代表する祭り・祇園祭は、橘逸勢公など、平安初期の権力闘争で「パージされた皇子や貴人」のために催された御霊会を起源とする。

しかし、「能舞台」も「六斎念仏」も、ハヤナリの時代には存在しない。それなのに、能舞台での演目が終わるたびに、一陣の風が吹き抜けるのに、私は気づいていた。ハヤナリが近くで喜んでいるような不思議な感覚におそわれたのである。

ちょっとした出来心で誘った「ふたり」を覚えているだろうか。フランスからはるばるやってきて、たまたま奉納演目のすべてを「目撃」した若者ふたりを。

ふたりは鳥居の外に出て、スマホを握りしめ、おそらくは心配している別の友人に電話して「ごめんごめん、まだ桂にいて……」と話しているようだった。

電話が終わったタイミングで、英語で、ちょっといいかと質問した。どうだった、と。

ふたりそろって、満面の笑み。そしてこう言った。

「これまでの人生で、もっとも感動した時間を過ごした！　ありがとう！」

あまりの言葉に思わず涙をこぼしそうになりながら、氏子さんたちがやりきった喜びを分かち合う社務所の前に戻った。汗びっしょりになった総代の中村さんが、会う人会う人に声をかけ、ねぎらっていた。

「これから阪急電車で長岡京の実家に帰ります。いい一日でした。ありがとうございました」と挨拶して立ち去ろうとすると、興奮気味の声で呼び止められた。

中村さんの店で、この日のために特別につくった「紅白まんじゅう」ひと箱を、私の手に握らせてくれたのだ。

そして、もうひとこと。

「5月の大型連休にも、下桂御霊神社で子どもたちの祭りがあります。来はりますか！」

阪急の特急でひとつ目の長岡京に帰り、実家で待つ80代の両親に、そのことを話したら大喜び。紅白まんじゅうの箱ののし紙に印刷された「下桂御霊神社」という文字を、日本史大好き人間である父親とスマホで記念撮影したりしたあと、「どこにいっても買えない」紅白まんじゅうを、3人で分けあっていただいた。

## もういちど、岡本太郎と宮本常一が掘り起こした「古の記憶の価値」

常々変だと思う「資本主義的価値観」がある。

「新しい」がいいことで「古い」はだめ。古くなったら新しくしないといけなくて、古いままだと無価値になる。そう決めつけていることだ。

だから例えば、古来落語で価値が認められてきた「ご隠居さんの知恵」のありがたみは戦後一気に急落した。「年寄りの冷や水」としてさげすまれ、今やお年寄りはほとんどのケアの対象で、はなしをゆっくりきくのは介護の人たちばかり。話をきくことはケアになるが、お金はうまない。ケアのためのお金の工面に四苦八苦する世の中だ。

それは、地域に残る古い建物とか、古の文化とか祭りとかにも共通する。温故知新という素晴らしい言葉をもつこの国においてさえ、である。

そんなことをいっているから戦後の日本と日本人は陳腐化する一方なのだといったのが岡本太郎だ。

日本人が見直し、取り戻すべき存在として、縄文土器の圧倒的な美を掘り起こし、その生き方に魅せられた太郎は、秘書でパートナーの敏子をともない、日本各地にかろうじて残る「縄文なるもの」をその目で見て体感する旅に出る。

私がこの芸術風土記の最初に、まず秋田をねらったのは、（中略）〝なまはげ〟とか（中略）、極めて原始的なものに強くひかれたからであった。私の関心は、むしろ、古い、うしなわれたわれわれの文化の根源にあった。（中略）

中央にこびた「地方文化」意識で、それをまた逆輸入して土地の人自体が奇妙な意識にしばられるとしたらグロテスクの極みだ。ここに大きな問題がある。

太郎の指摘は、容赦ない。都会人もそうだが、問題なのはむしろ「地方の人たちの目のウロコ」だと、厳しい目を向け、その「対極」を見極めようとする。

このような、いわばとり残されたところに、古くから永遠にひきつがれて来た人間の生命の感動が、まだなまのまま生き働いているのではないかと思った。（中略）

アバンギャルド芸術というものは中途半端なモダニズムとはまったく別ものだ。もっとも現在的な、未来に投げかけられた課題と、人間の根源的なものとの対立を正しく掴まえ、その対極を徹底的にぶつけ合せるところに芸術が生まれると考える私は、心に期するところがあった。

現代日本人の「目のウロコ」を、バリバリと、はがしだしている。そして、「縄文のおおらかさ」というスケールの大きな話に引き込んでいく。

私が「なまはげ」にひかれたのは、第一にそのお面だった。（中略）こいつはいい。無邪気で、おおらかで、神秘的だ。（中略）底抜け、ベラボーな魅力。（中略）

これらは鬼であり、怪物でありながら、同時に人間である。（中略）

それが人間だってことは見えすいている。怪物だが、それにしても、人間のしっぽを出しているような不恰好さはユーモラスだ。

これらは、鬼なり動物なり、神なりになりきってはいない。人間でありながら、そのまま人間を超えている。どちらでもあるという、その交錯に意味がある。（中略）

その超現実と現実、詩と散文の、不可思議なカネアイこそ、神秘でありながら生活的である。そこにまた芸術のなまなましい感動もあるのだ。

太郎の眼《まなこ》に、昭和のアニメ『巨人の星』の星飛雄馬のごとき「縄文人の炎」がメラメラと燃え上がっているのが見えるようだ。

私はこの国に生き、何とも形容できない複雑にからみあった現実に抵抗しながら生活し、戦って行くよろこばしさに戦慄する。（中略）

これほど己自身を侮辱した国民は、おそらく、かつてなかったのではないかと思えるくらいだ。

現代文化の高度な問題について語れば、必ずパリであり、ニューヨークだ。（中略）現在の日本はまったくお留守だ。（中略）

そんな気配にふれるにつけ、今日の日本に対する執拗な愛情と憎しみで、身を引き裂かれるような思いがする。

そしてついに、太郎は「日本オリジナル」にこそ、現代の「欧米文明」の限界を超える力があるという思いに至りつく。

ヨーロッパではキリスト教の激しい一元論的な神によって、民族の、土地の古い神々は根こそぎ退治されてしまった。（中略）そういう断絶はわが国では見ることがない。それは日本人の自然にそなわった寛容さであろうか。（中略）

このような神秘はかつて日本全土をおおっていたと考えられている。歴史の奥深くかくされた原始日本。縄文文化の土器、土偶の、奇怪な、呪術的美学がこの気配に対応していないだろうか。

（『日本再発見　芸術風土記』）

広島の庄原市の合併前のいち市町村だった総領町で教育長をつとめた和田芳治さん（元祖ミスター里山資本主義）らの町おこしグループが「岡本太郎と一緒にきた」と勘違いするほど「先生としていた」民俗学者・宮本常一は、もともと、現・ミスター里山資本主義が住まう山口・周防大島の出身だけあって、著作の表現からして、根本的に「地に足がついている」。時は、先の大戦がいよいよ終わろうとする頃、常一が寄宿するアチック・ミュージアムの主宰者で民俗学者でもある渋沢敬三は、この時、日銀総裁をつとめていて、国家の機密情報を受け取り、それをもとに国家金融のかじ取りをしながら、日本に「きなくさい空気」が充満し始める中では、夜の部屋で、当時の社会情勢について、常一と語り合っている。
世界最強のアメリカとの戦争に勝てるはずがない。では負けたあと、どうするか。
ふたりの出したこたえ。それは、ひとことでいえば「縄文ニッポンしかない」ということだった。
常一は、終戦の3年前、1942（昭和17）年のこととして、こうつづっている。
　ドイツのハンブルクが米空軍によって絨毯爆撃されたことを新聞で読み、情報にくわしいい人からそれがどういうものであるかを知らされて愕然とした。もし東京がそのような爆撃をされたなら、それは大正十二年の震災の比ではないほどの悲惨なことになる。そこで渋沢先生にそのことについておうかがいしてみた。先生は日銀副総裁になってからは時局について一般の人に語ることはなかったが、私に対しては私として心得ていなければならないことについて時おり話してくださっていた。（中略）
　そのとき先生が言われたことばが今も耳に残っている。（中略）
「君は足で歩いて全国の農民の現状を見ている。それも民俗学的な立場からとらえ、民俗の文献についてもよく知っており、民具についても一番理解がある。（中略）この上はどんなことがあっても命を大切にして戦後まで生きのびてほしい。敗戦にともなってきっと大きな混乱がおきるだろう。そのとき今日まで保たれてきた文化と秩序がどうなっていくかわからぬ。だが君が健全であれば戦前見聞きしたものを戦後につなぐひとつのパイプになろう」

（『民俗学の旅』）

常一は、歩きに歩いた。

日本各地の庶民に対する態度は、謙虚だ。オレは先生だ、第一人者だなどとは決して思わず、丁寧に話をきいた。常一は、敬三にこういわれたと書いている。

大事なことは主流にならぬことだ。傍流でよく状況をみていくことだ。舞台で主役をつとめていると、多くのものを見落としてしまう。その見落とされたものの中に大事なものがある。それを見つけてゆくことだ。人の喜びを自分も本当に喜べるようになることだ。

（『民俗学の旅』）

敬三はやがて「日銀総裁」になり、終戦を迎える。そして、敗戦後の日本で「大蔵大臣」となり、日本の軍国主義・資本主義がしでかした「致命的な勇み足」の尻ぬぐいをする。

ちょうど役所（先生は当時大蔵大臣であった）からかえってきた先生は、「幣原さん（当時首相）は大変なことを考えておられる。これから戦争を一切しないために軍備を放棄するということを提唱しようとしておられる」と昂奮気味に話された。（中略）

軍備を持たないで国家は成り立つのでしょうか」とおたずねすると「成り立つ成り立たないではなく、全く新しい試みであり行き方であり、軍備を持たないでどのように国家を成立させていくかをみんなで考え、工夫し、努力することで新しい道が拓けてくるのではないだろうか。一見児戯に等しい考え方のようだが、それを国民一人一人課題として取り組んでみることだ。その中から新しい世界が生まれてくるのではなかろうか」と言われた。

（『民俗学の旅』）

資本主義の真ん中を歩き続け、日本の国そのものまで背負った人。大切なことはなにかということを、ホントウに考え抜いた人の言葉として、ききたい。

岡本太郎と、太郎におおいなる刺激を与え続けた宮本常一の「古の記憶にしまわれたもの」を掘り起こし、現代に活かそうとした不断の努力。

そして1970年の直前、岡本太郎が、メキシコのホテルで「明日の神話」という原爆をモチーフにした巨大絵画を描きながら、大阪の万博会場での「太陽の塔」建設を、とび職さながらに指揮し、打ち込んでいた頃の、叫びのような言葉を、記しておきたい。

人類は進歩なんかしていない。なにが進歩だ。縄文土器の凄さを見ろ。ラスコーの壁画だって、ツタンカーメンだって、いまの人間にあんなもの作れるか。〝調和〟と言うが、みんなが少しずつ自分を殺して、頭を下げあって、こっちも六分、相手も六分どおり。それで馴れたあってる調和なんて卑しい。ガンガンとフェアーに相手とぶつかりあって、闘って、そこに生まれるのが本当の調和なんだ。まず闘わなければ調和は生まれない。だから《太陽の塔》なんだ。EXPO'70＝進歩と調和だという訳で、テクノロジーを駆使し、ピカピカチャカチャカ。モダニズムが会場にあふれることは目に見えている。それに対して、ガツーンとまったく反対のもの。太古の昔から、どんとそこに生えていたんじゃないかと思われるような、そして周囲とまったく調和しない、そういうものを突きつける必要があったんだ。

最終章へのプロローグ

# 津々浦々を歩いて、みつけた「玉手箱」

遠州の天宮神社の舞楽（色香）

## 「日本人の誰もが知る歌」に埋め込まれていた〝自然と友だちな感覚〟

私は、2023年10月から2024年3月まで毎月1回、英字新聞ジャパン・タイムズ週末版の「SUSTAINABLE JAPAN MAGAZINE」に「SATOYAMA CAPITALISM 2024」という通しタイトルのコラムを連載していたのだが、私の日本語原文を英訳してもらう過程で「重要な気づき」があった。

中でも驚かされた、第1回。長年にわたりNHKスペシャルのアメリカ取材やコーディネートなどで苦楽を共にしてきたニューヨーク在住のジャーナリストと芸術家のふたりによる「英語翻訳版一稿」への編集長の反応は、このようなものだった。

――日本語の原稿としては面白かった。なのに、英語訳のコラムはまったく面白くない。

あらためて英訳文を読み直し、気づいたことがあった。私が書いた「公園で枝やまつぼっくりを拾ってきて、ご飯を炊いている」というくだりから「まつぼっくり」がなくなっていたのである。原価ゼロ円の燃料という趣旨なので、まつぼっくりがないとご飯が炊けないわけではない。でも、コラムには欠かせない存在だった、のかもしれない。

考えをめぐらすうち、幼稚園の頃「まつぼっくり」という童謡を、大きな声でうたっていたのを、思い出した。おそらく日本の幼稚園や保育園に通った人なら、おとなになっても、「うたえる」のではないか。そのことが、家の近くの公園などで「ゼロ円で手に入るバイオマス・エネルギー」の中に「まつぼっくり」があると、微笑ましい気分になるのではないか。同じく、幼い頃に歌い「常識」になっている童謡「どんぐりころころ」でも、どじょうが、どんぐりを池に落とした子どもの「友だち」として登場する。小学校で合唱した「手のひらを太陽に」も、そうだ。池でスイスイ泳ぐあめんぼや、土の中の「しめったところ」で暮らすミミズやオケラが、人の「仲間」であることをみんなで歌い「常識」にしていく。

こういう共通体験と記憶が、ジパングにいきづく「縄文」であり、「里山」の基礎知識になっていると、合点した。そして気づく。身近な池や地面の下で、イノチを育む「水」の存在に。

私がみつめ、みつけたいくつかのこと、あるいは世界を「タイムマシンつき、どこでもドア」をあけるがごとく、旅してみたい。

## 平安時代の〝姿なきミステリアスな天才〟が残したメッセージ

2023年、私は遠州・袋井の郷土史家・兼子春治さんの運転する軽自動車に乗せてもらい、地域に残る祭りを、大杉さんといくつも見にいった。

4月1日、古の時代には材木を筏にして流した川として知られる太田川の上流、森町の小高い丘にある天宮神社で披露される舞楽。日のあるうちは、子どもたちのかわいらしさが微笑ましいが、日が暮れると、とたんに息をのむおどろおどろしい迫力の舞いが目の前に現れる。古代が現代に、ぬうっと顔を出す。写真を狂言師の松本薫さんに見せたら、伎楽《ぎがく》の面みたいだと驚いていた。「玉手箱」をあけた気分になった。

7月には、太田川を少し下った川沿いにある、袋井市の山名神社で、何百年か前に京都から伝えられ、守られてきたという祇園祭を観た。日が暮れると、異様な空気。本家本元の京都では、すでに舞いはなく、山鉾に蟷螂《かまきり》などの模型がかかげられるだけだが、ここでは人間が蟷螂のかぶりものを身に着けて、神社の舞楽殿で舞う。山鉾にあたる山車《だし》は、それとは別に若者たちが全力でひく。ものすごい勢い、スピードで舞楽殿の周りを何周もする。

京都ではひとつになって、都大路をゆく山鉾。もとは袋井のように別々に奔放に動き回り、ふたつがあわさって祇園祭だったようだ。

それにしても、夜陰に紛れて繰り広げられる舞いは、霊的な迫力。祇園祭の「蟷螂」や二人組で舞う「龍」のかぶりものは、顔の数倍の長さで、しかも、舞い手の顔はほぼ完全に隠されている。天宮神社の舞楽のひとつ、老いた男女が性的なにおいをプンプンさせてからみあう「二の舞」のお面の薄気味悪さ。その意味するところをこれからじっくり探っていきたいと思っている。

そうした地元の祭りを訪ね、大杉さんとみて驚き、感想などを語り合う日々。実は背中のリュックに、ハヤナリの最高到達点とされる幅32センチ・長さ370センチの書の大作・伊都内親王願文の書家用テキストを入れ、見続けていた。

そして気づいた。これは、ハヤナリのホントウの思いを書いた玉手箱なのではないか。

この書はもちろん、伊都内親王のために、代筆者として書いたものだ。伊都の亡き母、藤原平子を偲び、その思いをうけて、藤原氏の氏寺である奈良・興福寺に土地などを寄進して、ありがたいお経をあげてもらうための書。それを「願文」という。

願文とは、一族の思い。社会や国家を背負う決意を新たにしながら、先祖の残したもの、深い決意や遺志に思いを致すものだという。願文ときいて頭にうかぶのは広島の原爆の焼け野原の小さな店で見つけた一冊の書物をきっかけに古筆学なるものをうちたてた小松茂美氏が熱中した、宮島・厳島神社に納められた国宝・平家納経。その中にある、一族の長・平清盛自身の手になる願文を見れば、そのなみなみならぬ思いがくみ取れる。

伊都内親王は、さびしき皇女だ。夫は、父桓武天皇の長男で、弟・嵯峨天皇のために隠岐へ島流しされた平城上皇の長男、阿保親王。父親に連座する形で、九州・大宰府に長い間左遷され、自由を奪われた。宮中にのぼることさえかなわない夫。伊都は、竹林がひろがっていたであろう長岡の地でひっそり暮らすしかなかった。彼女が産んだ唯ひとりの子、在原業平とともに。

伊都内親王願文を書いたハヤナリを間近に見て育ったと思われるナリヒラは、平安時代を代表する歌人「六歌仙」のひとりとなった。源氏物語の主人公・光源氏のモデルともいわれている。日本最初の勅撰和歌集である古今和歌集に登場し、後に藤原定家の「百人一首」にもとられた、紅葉狩りを題材にした歌は、あまりにも有名である。

ちはやぶる　神代もきかず　龍田川　からくれないに　水くくるとは

ところで、ハヤナリである。ハヤナリがイトにかわって願文をかかないといけない義理はもともとないと思われる。

ハヤナリは、空海とともに唐の都・長安で1年半暮らし、長安の最高クラスの文人に「秀才」と呼ばれた、書と西域の弦楽器の達人である。帰国後は嵯峨天皇に教養高き文人として頼りにされたと思われる。御所の建物にかかげる扁額の字を、嵯峨・空海と手分けして書いたのだから。しかも、嵯峨最愛の美女皇后・嘉智子はいとこである。嵯峨天皇が頼りにする

「政権の官房長官」藤原冬嗣との関係も悪くない。冬嗣の推薦で、興福寺の「燈籠火袋羽目」の銘文を書いたとされる。

それなのに、なぜかハヤナリは伊都をほっておけなかったようなのだ。50代となったある日、おそらくは8歳のナリヒラもそばにいたであろうシチュエーションで、彼女になりかわって願文を書いた。独特の流麗な筆致で。

その「ハヤナリの玉手箱」を、私はたまたまあけてみてしまった。こんなことが、書かれていた。

墨は、骨血を流せば、鹿苑《ろくおん》の芳詞《ほうじ》を繕《つくろ》い
筆は、躯骸を折れば、龍宮《りゅうぐう》の奥典《おうてん》を作る
（中略）
庶幾《こいねが》わくは、金言雷撃して、一乗の理将に終らん。

「墨」や「筆」を駆使し、不退転の決意で、誰も手にしたことのない珠玉の言葉をつかむ、と読める。それを「鹿苑の芳詞」といい「龍宮の奥典」と呼ぶのだろうか。

これは書家の決意であるに違いない。伊都は書家ではない。では誰の決意か。

さらに、願文の最後の最後には、こんなことが記されている。

慈舟、暫《しばら》く汎《うか》び、
倶《とも》に愛河に出で、慧《けい》柯《か》一たび飛び、便《すなわ》ち苦海を超え、

「慈しみの舟」を「愛の河」に浮かべ「苦しい海を超える」と書かれている。

テキストの解説によると、この「愛」の字は、ハヤナリが唐の都・長安にいた頃の30年程前にいた慟哭の書家・顔真卿に習っているという。玄宗皇帝が「傾白」と称される絶世の美女・楊貴妃を寵愛するあまり、そのいとことソグド人の乱・安史の乱をまねき、その混乱の中で姪を殺された悲しみをつづった傑作「祭姪文稿」は故宮文物の中でも書聖・王羲之に並ぶ逸品とされている。その「書き方」に習った字だというのだ。

書は万感の思いを墨と筆にこめる芸術である。

私には、長岡の地から、たけのこの里をぬって流れくだる川へ舟をだし、当時はあった巨《お》椋池《ぐらいけ》という川中の大きな池、あるいは葛川・淀川に漕ぎ出したハヤナリとイト、ナリヒラの姿が、見える気がした。

「苦海を超える」とは、何を意味するのか。

唐の長安で高い教養を身につけたハヤナリの兄貴分・空海もまた、京都の東寺（教王護国寺）に拠点をもちながら、持統天皇が何度も行幸した奈良・吉野のさらに奥の高野山に道場をひらくことを願い、嵯峨天皇に許される。

さらに空海・弘法大師は全国の津々浦々を行脚した。藤原北家の「罠」から逃れるかのように。

唐の文人たちをもってしても「理解しえなかった」密教の教えと経典を平安京にもち帰った空海。かたや、筆がたつだけでなく、唐の文人が舌を巻く弦楽器の名手となって「秀才」と呼ばれたハヤナリ。

嵯峨天皇といとこの嘉智子皇后がおわす日本の都に戻ったものの、その「優秀さ」が絶対権力を掌握しようとする藤原北家の目障りになったとすれば――。

歴史とは過酷なものだ。「願文」を書いた後、平安京の覇者・嵯峨天皇や側近・藤原冬嗣がこの世を去り「強力な庇護者」がいなくなる状況の中で、伊都の夫・阿保親王がハヤナリの謀反を密告。ハヤナリは流刑となり、その旅の途中の遠州で、命を落とすのである。

これからじっくり時間をかけて、書家・大杉弘子さんとともに、おおくの知恵もかりながら「玉手箱の謎解き」をしていければ、と考えている。

遠州・袋井にも、大井川・天竜川という「大河」のかげにかくれるようにして、古の時代にはさかんに筏をながしたといわれる、太田川という「水の流れ」がある。

京都・嵯峨野の「渡月橋」から桂川をくだり、ハヤナリを神としてきた下桂御霊神社の総代の菓子の店がある桂橋をさらに少しくだった「長岡の地」は、琵琶湖からながれくだる宇治川と木津川という大河と合流する「水の地」であることを、考察と探求の「勇気のもと」にできないか、と考えている。

## 里川・長良川を少し上流へ　清流の国のホントウの実力の片鱗をみた

清流がもたらす恵みとは、どんなものだろう。

「水」そのものも、質が高く清冽であれば、じゅうぶんに恵みである。そうした水が流れる「川の幸」も、恵みであるにちがいない。鵜飼いとか昔ながらの漁が見えたりするなら、貴重な観光資源だから、地元にとっては恵みだろう。

清らかな川では、染め物を洗ったり、色をおいてそこ以外は染まらないようにするために使った糊を洗い落としたりする風情ある光景がみられれば、わざわざ訪れる人もあるだろうから、恵みにちがいない。

でも、それくらいかな、と思っていた。

岐阜市から長良川をもう少しさかのぼると、関市がある。刀や包丁などの刃物で有名なところである。岐阜県庁の会議室で、里川振興課の塚原さんが招集してくれた環境や産業や清流の国づくりを担う担当者に話をきいていた時、

——でも刃物は、清流の国に関係ないですよね。

と、なにげなく申し上げたら、塚原さんが鋭く反応した。

——刃物に水は欠かせません。ジューッと冷やすとき、きれいな水が必要なんです。

と説明された。なるほど、いわれてみれば。関市の観光課に連絡をいれ、訪れることにした。

名古屋駅から高速バスで1時間半。関駅の前のバスターミナルに着いた。市役所の場所をその辺の人にきいて、歩いた。田舎道の先に、立ったばかりの市役所があった。観光課の衣斐《えび》さんという若い職員と先輩が対応してくれた。市のパンフレットをみながら質問していった。あらためて基礎知識はほぼゼロであることを自覚した。

いくつもの川の合流地点が関だった。それぞれの川が鮎やあまごなどの釣り場だという。深い淵があったり、モネの睡蓮の絵のような池があったり、川沿いに温泉旅館があったり。江戸時代の仏師・円空はもともと美濃の人で、関で最期をとげたそうだ。最後の作となっ

た素朴な仏像の写真、そして即身成仏したという場所に、興味をそそられた。

刃物は町の中心部でつくられていて、刀鍛冶の歴史がわかる伝承館があるというので、訪ねることにした。いろいろ話をきいて驚いた。戦国時代から江戸時代にかけては、関が日本で一番の刀剣の生産地で、日本中に刀鍛冶の技を伝え、人材を供給する役目を担っていたという。兼元や兼定など、名の通った名工を輩出したのもその時代だが、芸術的というより実用性を重んじる生産地であったらしい。だから例えば、岡山・備前の長船のような派手な名声で知られるところとは一線を画し、実質を担ってきたのだと理解した。

刀剣における「玉手箱」のような存在なのだなと、思った。そうなると、もっと詳しく知りたくなる。

２０２４年の年明けに市の観光課の衣斐さんに連絡をとり、本当に仕事をしている現場で、刀匠にしっかり話をききたいと申し上げ、2月下旬に訪れた。

関駅前のバスターミナルで衣斐さんと待ち合わせ、刀匠のお宅に向かった。

40代くらいの方が出てこられて、名刺を交換させていただいた。

「第26代藤原兼房」とある。

——今回はどういう取材で？

そうおっしゃるので、こうこたえた。

——もともと「里川」「清流の国」の取材を1年くらいかけてしたいと知事に申し上げて始めたのですが、関の刀剣や刃物もいい水がないとできない、と県庁の方々にサジェッションしていただき、一から教えてもらおうと、おじゃましました。

では、彼が説明しますねと、お弟子さんのひとりを紹介された。「26代」は、笑顔で会釈して自宅の奥へ。30代と思われる弟子の男性が、ホンモノの現場で、ホンモノのサンプルをみせてくれながら、刀づくりを語った。

1時間あまり、だっただろうか。どちらかというと緊張感あふれる世界を想像していたのだが、なんとも楽しそうに話された。意外で、こちらがうれしくなった。

刀剣の原料となる玉鋼《たまはがね》は、島根・奥出雲のたたら場で、古式ゆかしく夜を徹して行われる。そのこと自体は、広島勤務時代、里山資本主義「神様を活かせ」制作のとき、学んでいた。その時はたたらのベテラン職人の「神がいるのでは、と感じる瞬間がある」という話に、胸打たれた。

しかし今回、その玉鋼をもらいうけ（もちろん対価は、支払うわけだが）、一から刀剣をつくる職人の言葉。そこからは、古の時代から受け継いできた丹念な仕事とか、瞬間瞬間に問われる「人間の限界ともいえる感覚」とかいうものに触れる感動が、じんじん伝わってきたのだ。

――砂鉄と山の木でつくった炭をたきこんでつくりあげた玉鋼の塊を「ケラ」というんです。

――どんな字を書くんですか？

――金へんに、母。それで「鉧《けら》」。

――なるほど！　金の母なんですね。

――そうなんです。それを「ホド」で、火を入れる。

――どんな字です？

――火の床。それで「火床《ほど》」。何度も何度も熱してたたき、1センチ弱ぐらいの厚みにし、小さく割る。

そうすると、5種類くらいの硬さの鉄に分けることができる。炭素の量の違いでできた「硬い鉄」「やや硬い鉄」「柔らかい鉄」を、それぞれ積み上げて、たたいて折り返し、折り返しを15回。ミルフィーユ状に層を積み重ねていく。それを「鍛錬」という。

タンレンのレンは、ふつうなら「練る」という意味ですが、刀の鉄のタンレンは「金《かね》へん」。だから「鍛錬」なんです。

――なるほど。確かに「金へん」ですね。特別な言葉なんですね。

お弟子さんの、熱気あふれる説明が続く。

――いくつもの硬さの鉄を組み合わせる。関特有の「四方詰め」といいます。ほかでは、柔らかい鉄を硬い鉄でくるむのですが、関は、四方詰め。これが、関の刀の鋭く強くてしかも折れにくい刀の秘訣なんです。

きいているだけで、どんどん関の刀のファンになる自分がいる。

刀をつくるとき、不可欠なものがある。「水」の大切さが、随所で語られた。

――水の温度。それこそ門外不出、なんです。

そして、さらに語られる「人間の感覚」の大切さ。まさに圧巻、だった。

――最初に、つみあげた鉄の塊をゆっくり熱し、１３００度にあげていくときは、濡れた和紙にくるみ、泥水ともち米の藁の炭で包んで熱します。

鉄を熱して、溶ける瞬間の「じゅくじゅく」という音は、耳で判断し、その瞬間に鉄と鉄をくっつけるそうだ。

――粘土質の土などをまぜた「焼き刃土」を刀の上に置き、「焼き入れ」をする時は、完全に真っ暗にして、オレンジに熱し、目で８００度を見極め、水の中に入れ、急冷するんです。

――狙った刃文、をめざします。

――狙うんですね。刃文というものは。

お弟子さんが、うれしそうな顔でうなずいた。

法律上のきまりもあって、刀剣は1年で24振り。１カ月で2振りしかつくれないそうだ。

ただ、きいていると、それが限界のようにも感じた。刀をつくっていく一連の仕事に20日間ほど。研ぎ師やこしらえなど、様々な仕事をへて完成するまでには、最低半年はかかるという。

また「ある人物」が、顔を出された。

どうみても26代のお父さんと思われる威厳ある風貌の25代が、のぞきに来られたのだ。一生懸命きいているな、という顔をして、軽く会釈された。26代にも感じたことだが25代も、その姿勢というか背筋ののび方が、なんとも美しい。

ここが、昔からの伝統を真剣に引き継ぐホンモノの場、ということなのだろう。

最後に26代が、完成した刀を見せてくれた。お弟子さんの言い方を借りれば「ルパン三世の五ェ門がもつ」シンプルな鞘から、まさに音もなく引き抜かれた。暗めの部屋で、静かに光っている。26代が、私を見て、

――もってみますか？

一礼して、もたせていただいた。なんといえばいいのか、しっくりくる感触。ちょうどいい重さ。そしてバランス。一枚写真を撮らせてもらい、礼をいって若いお弟子さんに渡した。手が、少し汗ばんでいるのがわかった。

半世紀も前になるが、少年時代に通った、長岡京市の天満宮の柔道場での師範の先生の正

座に通じる美しさを、思い出した。

帰り際、説明してくれたお弟子さんに、いつから修行しているのか、たずねた。里山資本主義が産声をあげた地・広島の出身だという。高校を出たあと、地元で就職したが、28歳の時にどうしてもやってみたい、今決断しないと後悔すると思い、伝手を頼ってここに弟子入りしたという。修行の日々は厳しく、収入面でも決して恵まれているとはいえないが、とても充実していると話してくれた。


みなさんに礼をいい、再会を期してその場を離れた。

関の刀鍛冶の守り神とされる春日神社にも、行ってみた。思いがけないほどの広い境内と立派な本殿。さすが、日本が誇る刀剣のまちの神様だと思った。そういえば、きょう訪ねた刀工は「藤原家」だった。奈良以来の藤原氏の歴史を、刀の技でも確かに受け継ぐまち、ということなのだろう。

昼、江戸時代の伝説的な刀工である「孫六」という名のうなぎ屋に入った。何百度、何千度の仕事で汗をかき、体力を消耗する刀工は、それぞれひいきのうなぎ屋があり、だから今もあちこちにうなぎ屋があり、関では鮎とともにうなぎが名物だときいていた。

関西風のパリッとした焼き上がりのうなぎの口あたりが意外なほどあっさりした丼。おすすめの、ざっくりくだいた山芋もさわやかだった。

地元の地図をみると「辻屋」とか「角丸」とか、趣のある名前のうなぎ屋が旧市街にいくつもあるようだった。残暑の厳しい頃に、刀工の仕事を拝見して、ごひいきのうなぎのはなしなどもうかがいたいものだ、と思った。

帰ってホームページを見たら、藤原兼房は、織田信長おかかえの刀匠だったとある。天下人の国盗り、天下統一を支えた刀工の家系だったのだ。

「すごい玉手箱」をあけた気分に、なった。

いうまでもないが、観光はじめ経済にまだまだ活かせる「資源」であるに、ちがいない。

## 元祖・ミスター里山資本主義の「師」が、ききとっていた〝伝説の川漁師〟の言葉

戦後のある時期まで、「川」は、2024年を生きる現代人には信じられないほどの経済的恩恵を地元にもたらし、そして高度経済成長による大転換の犠牲になったリアリティーあふれる「きき書きの記録」がある。

和田芳治さんが行ったり来たりしていた広島県のやまあいを流域とする江の川。三次盆地で、方々の山を源とする川がひとつになり、日本海まで流れる大河だ。

町の教育長になった和田さんだが、アタマのあがらない「師」というべき人が地元にいた。黒田明憲さん、とおっしゃる。

地元の学校の教員をつとめ、小学校の校長を退職した後「江の川水系漁撈文化研究会会長」として、川漁師などの戦後を丹念にききとりながら、家に保管していた漁具などを譲り受け、保管するという、地道で苦労の多い仕事をされた。

ホントウにこんなすごいものをつかっていたのか——という漁撈用具のコレクションは国の重要有形民俗文化財に指定され「みよし風土記の丘ミュージアム」に保管されている。黒田さんとともに汗を流した葉杖哲也さんら学芸員は、今も調査・研究を続けている。

私も「うつ」になって動けなくなる前、黒田さん、葉杖さん、そして最盛期の漁を共にした「当時の若手漁師」辻駒健二さんに何度か話をきき、シンポジウムやイベントにも参加した。

黒田さんは、異次元な酷暑となった２０２３年の秋、亡くなった。数年のブランクをへて「里川」の本格的な取材をすべく準備しているさなか、だった。

陽気で前向きで、苦労を表に出さず、天才的ともいえる勘とひらめきで後進にアドバイスされた「黒田先生」が2002年に出版された著書が、手元にある。
『江の川物語　川漁師聞書』。

語り部として登場するのは、中山辰巳さんという漁師で、辻駒健二さんの師匠にあたる。大正12年の生まれ。本が出た時80歳。まさに「生き字引」だった。

かつては地元経済に貢献していた江の川の漁。三次の川沿いには、いかにも川沿いのまちらしい「環水楼」とか、鹿鳴館ならぬ「鶴鳴館」とか、本に出てくる名前を数えるだけでも5軒の料理屋や旅館が立ち並んでいた。シーズンには連日、そうした旅館や料亭にとれたばかりの鮎などを届け、広島市など他にも売り、地元でもたくさん食べていた。

黒田さんは中山の話を丁寧にききとり、いきいきとつづった。

『最後の川漁師』
なにィ、川漁講座を始めるけえ、わしに先生になれ？
ははあ、会長、この間ちょっと入院したんで、わしの先が長《なご》うない、今のうちに聞いとかにゃと思うて来んさったかの。（中略）
まあ、そがに、おだてんさらんでも、会長が「やれ」言いんさるんなら、講義じゃろうと、実技じゃろうとなんでもやりますで。

わしゃあ栗屋の小学校を卒業したあと、すぐに江の川大学へ行ったんじゃけえ。習うたのは中山京市いうて、江の川大学でも一、二といわれた教授に叩き込まれてね。

冗談、冗談、中山京市はわしの親父ですがの。（中略）

まあ、よろしゅうがんす。話しましょう。わしもそろそろ八十。「喧嘩の辰」も最後は「仏の辰」になって三途の川を渡りたいけえね。

へーじゃが、川で魚を獲ることをすぐには教えませんで。川で遊ぶにゃあ、川の作法があっての。「川を大事にすること、魚を大事にすること」が基本じゃけえ。

「川を知り、魚を知る」という50ページの章に、圧倒された。

漁の時期は季節が教えてくれる。

『セキレイが鳴き出したらツケバリに行け、ギギュウ（ギギ）が喰う』（三月）

『レンゲの花が咲いたらウナギが喰う』（四月）

『八十八夜は川へ行くな、名残り霜がおりる』（五月上旬）

『藤の花盛りはイダ（ウグイ）の盛り』（五月上・中旬）

『柿の葉が一銭銅貨の大きさになりゃあ、ナマズの盛り』（五月下旬）
『苗代いちごに色がつきゃあ、スッポンが釣れる』（六月）
どれも親父から聞いた言葉じゃが、親父もじいさんから聞いたに違いない。みんな自然に教えてもろうて漁をしてきたんよね。川の漁は海と違って、漁場が限られ、魚も限られておるんじゃけえ、時期に合う漁をしていかんことには生活ができん。

下流にダムがつくられたあとの昭和40年代とか50年代になっても、中山辰巳さんは江の川で、鮎だけも1日にふたりで500キロとったという。すごかったのは、鮎だけではない。中国地方の山あいに鉄道が敷設された昭和10年代、中山少年はツケバリで1メートル近いうなぎをとり、ハエも一度に500匹とっていたそうだ。

徴兵されて中国に出征したあと、なんとか帰国。川漁師として独立してからは、三貫五百匁・13キロの鯉を釣って鶴鳴館に2500円で売ったが、広島の草津なら3万円だったのにとか、江の川の上流の可愛川《えのかわ》の若尾の瀞というところですっぽんを15枚とったこともあったそうだ。品川淵というところでは6キロものすっぽんの反撃にあい、おいかけられた。

私や小学生だった息子は、辻駒さんたち三次の漁協の漁師さんたちから、なまずの仲間の「ぎぎゅう」という魚を焼いて甘辛い味にしたものや、手づくりの「鮒ずし」などをいただき、すっかり川魚のファンになったのだが、最盛期のスケールは「異次元」といってよい。夏には、鵜飼いのかがり火であたりは昼間のように明るかったそうだが、人々が寝静まった夜に船団をくみ、火を振りながら棒で水面をたたいて魚を網へ追い込むタタキという漁を指揮した。

鮎をとるなら、鮎が食べるコケが川底一面についている「黒川」。ニゴイやうなぎや人間に追われて逃げまどう鮎。火と音に驚き、川底の石に頭の先をつっこんだまま動かなくなるさままで、語っている。

長良川の「万サ」という釣り師や、高知県の四万十川の漁師とも交流があったという。長良川漁協の服部さんのところで見た船は長さ18メートルだったが、江の川の「高瀬舟」は長さ9メートル。父親から伝授された力を抜いた櫂の扱いで、すいすい漕ぐ。

それが夜の川で12艘という光景。令和の日本人のほとんどの人の想像力が及ばない。

大水がでると、そのあと新鮮なコケが石につき、それを鮎が食べるからうまくなる。大きな岩の下が深く掘られ、そこに大量の鮎がすむ。丸くなった石は、鮎やうなぎが好むが、ゴツゴツはだめ。自然のまま、千変万化の川の流れが、多様な川の生き物を、しかも大量に育んでいることが、語られている。

同じ川を、荷物を運ぶ船が行き来しているわけだが、下流から上流へさかのぼるときは、船にくくりつけた長い縄で、両岸から人が船をひく。

川の上流では、それこそ「山の民」が、木を切り、山を崩して砂鉄をとり、木炭とたきこんで鉄をつくる「たたら」が、戦後すぐくらいまでは、さかんにおこなわれていた。

上流から下流へ、そういう物資を運び、また上流へ船を戻す。船と積み荷自体は、水に浮かんでいると、浮力で重さ「ゼロ」だから、せっかくなら「空《から》」でなく船を動かしたい。

そうなると高低差の大きい上流からきても、下流からのぼってても、土地が平らになり、支流の結節点でもある三次あたりで、「ちょっとひといき」となる。休憩や宿泊する大勢の人でにぎわう。「めしを食おう。酒でも飲もう。うまいものもってきて」となる。

やまあいにあった経済の十字路。時代の最先端をいくトップランナーたちが、つどっていたわけだ。それを支える「川の民」や「山の民」が、汗だくになって働き、活躍していたのだ。

これこそ共有すべき「記憶」では、ないか。

## 「山の民」「川の民」に襲いかかった〝過疎〟

しかし、その中国地方のやまあいで、数十年後、生まれた言葉がある。

「過疎」である。

なにがおきたか。

黒田先生は、中山さんだけでなく、下流や上流の漁師や船頭だった人たちの話もきいている。1953年、三次の下流の、急峻な川にダムが建設されると「すごい数の鮎がくだってきて、網を引くと舟の中が鮎でいっぱいになり、舟が沈むほど獲れ」たり、「梅雨明けになると川がキュウリ（鮎）の匂いになった」り、「夕方のおんなや子どもが瀬に足を広げて座ったら鮎がまたの下にもぐりこんで来て、手で握った」りしていた川漁は、「じり貧」の坂道を転がり始めた。

1994（平成6）年の4月と7月に邑智町《おおちちょう》の上野謙次郎さんを訪ねた時の記録を紹介しよう。

「ここはダムより下流なんですが、影響は大きいですよ。浜原ダムができるまで、毎年、三月三十一日なると、『一番子』が上りだし、五月中旬まで『二番子』『三番子』と上がったものです。（中略）四月の桜の頃になると、畳二枚から三枚くらいの黒い塊で帯のように細長うなりましてなあ、川の色が変わるほど次から次へと上ったもんです。（中略）最大の原因は魚道ですよ。ダムには上る魚道はあっても、下る魚道はありません。親アユが下らんのですよ。『親がいないから、子がいない』で年々減っていきました。ダムができても四、五年の間は、谷川や田んぼの溝にまで稚アユの姿が見えましたが、今は全然です」

黒田先生は、江の川の下流でこんな証言も書き留めている。

「特に川の様子がおかしくなったのは、昭和四十七（一九七二）年七月の水害からでな。どんどんどんどん河川改修がされたでしょう。水害と漁のどっちが大事かと言われりゃあ、言いようがありませんでなあ。すっかり川が変わって、コンクリート護岸になって、アユだけでなく、ツガニやウナギが少なくなって、テッキリ（アカザ）やアユカケがいなくなったのもこの時期です。ジャリの採取も川を荒らしました。河床がどんどん下がって、潮が上流まであがってくるようになり、アユの産卵場もかわってきました。国は鳥の保護はしても、魚の保護はまったく考えていないように思います」

穏やかな口調のなかにも、憤りと、嘆きが交錯する。

話が終わるのを見計らって奥さんが、お茶と一緒にアユの飴炊をご馳走してくださった。聞けば、奥さんのアユ料理が前の週のＮＨＫテレビで放送されたそうである。

黒田さんは、この漁師から、この話のあと、丈3メートル、長さ25メートルの網を譲り受ける。網はビニールではなく絹糸である。漁師の母親が「三冬も四冬もかけて繭から生糸をとって梳いたもの」だと記録されている。

ダムの上流への影響は、いわずもがな、である。江の川の4本の支流が合流する三次でも、大規模な護岸工事が行われた。ねこやなぎの木などもほとんど切られ、コンクリートで固められた。うなぎやどじょうの棲みかが、壊滅した。

かごやびくや、うなぎをとらえる筒や、遡上してきた鮭をつくやすや釣り竿など漁具づくりに欠かせなかった竹やぶも、根こそぎとりはらわれた。人工的に川の水量がコントロールされるようになり、水が川いっぱいに増えることがなくなって、川原が草ぼうぼうになった。川周辺の環境が劣化しただけでなく、漁師が網から魚を外す場所まで奪われた。

それでも中山辰巳さんは、経験と五感をフルに使って漁をした。若い漁師が訪ねてきては、ツケバリつくりを頼む。「神様」がつくったハリは「9割バッター」。ほとんどのハリに魚がかかるというのだ。

黒田明憲さんの著書が出版されるきっかけと思われる、1995年3月の「江の川川漁師サミット」と銘打ったシンポジウムに、51歳の辻駒健二さんが、中山さんと並んでパネリストとして出ている。
それから10年以上経た２０１７年、50代の地域経済のスペシャリスト・藻谷浩介さんや同学年の私が、同じ場で、辻駒さんが「哲学」といっていい話をされたあと演台に立った。辻駒さんと比べられるようなことではないのは当然としても、何かの因縁と思わざるをえない。
私は、番組取材・撮影を本格化していた「太陽の塔」が、日本経済・世界経済が絶頂を迎えた１９７０年に、岡本太郎が資本主義と科学技術の祭典・大阪万博の会場の真ん中に突き刺した「縄文の怪物」であること。それが復活することの意味を、お話しした。

１９９５年の「サミット」で辻駒健二さんは、こう語っている。

川は漁師にとっては生活の舞台であるから、なにものにも代え難い大切な財産であると思っている。しかし気をつけていないと「自らの大切な川」が、いつの間にか「行政の川」になってしまって、どんなに破壊されようと、気がつかなくなってしまう。（中略）「昔は顔を洗うのに岸辺に群がる鮭をかきわけて洗っていた」というような話を、年寄りが冗談まじりによくするが、それだけ江の川は豊かな恵みの川だったのである。それを我々はダムをつくり、生活の便利さと引き換えにしてしまったと

いうふうに私は思っている。（中略）

自然環境というものは、うまく管理してやると自ら修復する力を持っている。圃場整備をするとき、ちょっと蛍のことを考えて、水路をコンクリから石にしてやれば、蛍は棲息できる。（中略）

「こんな小さな水路を」と馬鹿にするのでなく、小さな川が集まって江の川になるのだから、小さな川に関心を持たないようでは、江の川を論じる資格はないと言ってもいい。

川のことは漁師がいちばんよく知っている。漁師が川を語り、そこに住むものが「そうよのう」とうなずき、互いに自慢しながらふるさとを語っていきたい。

辻駒さんの兄弟たちでつくった「江の川鮭の会」は、鮭の稚魚の放流を始めた。2023年6月、和田芳治さんの死後、初めて開催された「逆手塾」の共同代表、熊原保さんが、鮭が戻ってきているという新聞記事を送ってくれた。

鮎も、人が川を丁寧に扱うことで、「新たな産卵」を自然なかたちではじめた。海にくだるのでなく、和田さんたちが「親水公園」的な工法を粘り強く働きかけ、勝ち取った、上流部の人にも自然にもやさしいダム。そのダム湖の手前の、草刈りが行き届いた浅瀬で、鮎が毎年産卵し、ダム湖で稚鮎が育ちはじめたのである。

漁協の漁師は、その稚鮎を、江の川流域のさまざまな場所で放流し、鮎の漁獲や鵜飼いを、気候変動の影響を受けながらも、続けているそうだ。

みよし風土記の丘ミュージアムの主任学芸員・葉杖哲也さんも、新たな発見をしていた。古墳時代の土器に、「鮎」の文字が炭で書かれていた、というのである。葉杖さんは、にこやかに語った。

「三次の支流合流部であれば、琵琶湖とある意味平らで条件がちかい。定置網が張られていた可能性は案外あるのではないか」

さすが、三次・庄原である。

# 最終章

# 「またトランプ!?」にゆれる分断の時代に

## 世界と人類と地球へのメッセージ

京都・長岡京のたけのこ掘り

## ２０１６年世界遺産・石見銀山での「忘れがたき悲鳴」

その日、私はユネスコの「持続可能な発展のための教育」をテーマにした国際シンポジウムのパネリストとして、世界遺産・石見銀山、島根・大田市の大森にいた。

隣にいた女性が突然、大きな声で叫んだ。

「トランプが大統領になってしまった！　なんてことなの！　信じられない……」

２０１６年11月、アメリカＡＢＣニュースによる米大統領選の開票速報が、ＮＨＫを通じて生放送されていた。民主党のヒラリー・クリントン候補と共和党のドナルド・トランプ候補の一騎打ち。接戦になること自体は大方の見方だった。しかし、トランプ候補が勝ち、アメリカ大統領になるとは「本気で」考えていなかった。世界遺産に登録された町の約５００人のコミュニティが数百年保ってきた知恵を見つめ、持続可能な市民生活のあり方を真剣に議論しているさなかの、耳を疑う選挙結果。忘れられない思い出となっている。

悲鳴をあげた女性は、アメリカ国民ではない。韓国出身で、大学卒業後ユネスコに入り、アフリカ諸国などに赴任して貧困に苦しむ人々などに向き合ったあと、パリの本部で「教育による持続可能な発展」を世界中で実現しようとする部署のトップをつとめていた。

よわきもの、ちいさきものに寄り添い、気候変動や貧困など、人類に突きつけられた課題に、超大国アメリカのリーダーとなった彼が立ち向かうとは到底思えない。気候変動に至っては「そんなものはない。でたらめだ」といってはばからない。だから、アメリカ国籍でなくても十分「叫ばざるをえない事態」だったのだ。この報を境に、シンポジウムの参加者たちがさらに目を輝かせ、家々の前のサワガニが棲むせせらぎさえ沸騰してしまうのでは、という熱さで議論の精度をあげていったのが、印象的だった。

トランプ氏について、私自身それほど詳しいわけではないが、多少は知っている。ラスベガスのカジノやフロリダのゴルフ場の経営で巨万の富を得たビジネスマン。今やニューヨークの一等地にトランプタワーと名づけた超高層マンションを建て、自らその最上階に住む。若い頃から、いうなれば「愛すべき乱暴者」として知られ、190センチ台の体格を「活かして」プロレスのリングにあがったこともある。テレビでも傍若無人さを売りにした番組が話題になり、最後にその日のゲストを指さして「YOU ARE FIRED!（お前はクビだ！）」と宣告する姿が、人気を集めた。「西海岸のITとウォール街のマネー資本主義」よりも「ラストベルトと呼ばれる時代から取り残された工業地帯の貧しい白人層」を豊かにしたいと主張する、ある種の「常識破り」には、大衆の心をつかむ嗅覚のようなものを感じていた。

ところで数日間にわたり、ユネスコが招聘するかたちで世界各地の大学教授や識者が、江戸時代にタイムスリップしたような石見銀山の町に集結し議論を交わすという、ユネスコとしても異例なシンポジウムが開催されるきっかけに、実は私が深く関わっていた。

「スーさん」と自身を呼ぶユネスコの持続可能な発展のための教育を率いる韓国人の女性は、その前の年の5月、休みで故郷を訪れた帰りに、石見銀山が昔ながらのたたずまいを残す町で、そこに暮らす人たちがみんなで持続可能な暮らしを洗練させているらしいとききき、10年以上の時間をかけて武家屋敷を改装した「古民家の宿」に、帰省のついでに泊まった。

私もたまたまその日、その宿に泊まっていた。昼間は、理想的な子育て環境を求めて東京都内から移住し宿の料理人となった小野寺くんに、季節季節の山野草をあちこちにつみにいく話をきいたり、三浦類くん・鈴木良拓《よしひろ》くんの若者コンビの新たな里山的挑戦についてきいたりして、おおいに刺激を受けていた。

夕食を、スーさん、宿の主である松場登美さん、類くんとともにした。石見銀山を推薦してくれたユネスコの日本人の仲間に教わりながら、日本語を勉強していると語り、発展途上の日本語会話を披露された。上品でチャーミングな人柄にも感心したが、私の石見銀山体験を、笑顔を絶やさず熱心にききながら「世界のどこにもないユニークさをもつ持続可能な知恵がここにある」という話に大きくうなずかれたのを、よくおぼえている。

ユネスコのスーさんや、彼女をここへ導いた日本人のジュリさんたちの間で、これまでにないコンセプトのシンポジウムがここでなら開けるのではという期待がふくらんでいった。実現できれば、石見銀山・大森の人たちにとっても、またとない「信じてやってきたことを評価してもらううえに、さらに深く考える機会」だし、日本の田舎の「高さ」を世界に明確にアピールできる機会になりそうだ。

私は部外者ながら、きっかけの一夜に同席していたこともあり、企画立案の中心を担う役を、勝手に買って出た。「挑戦的なシンポジウムづくり」にたずさわるという、今から振返れば「お金を払ってでも関わりたい」日々を過ごすことになったのである。

まず行ったこと。それは石見銀山の今の路線を先導した「もうひとつの地元企業と創業者」にしっかり話をきくことだった。

銀山の鉱山の手前に1キロ以上続く「江戸さながらの道とまち」の主に南側に、松場登美さん・大吉さん夫妻が創業した石見銀山生活文化研究所がある。元武家屋敷の宿・他郷阿部家や、日本各地に残る古い織物や布を現在的デザインの洋服にするアパレルメーカー・群言堂は、その傘下にある。東京や福島から移住してこの町で暮らし、働く三浦類くんや鈴木くんは、この会社の社員だ。

しかし実はもう1社、すごい地元企業が坂を下った「北側」にあるのだ。江戸時代から発展しないまま放置されていた故郷のまちに戻り、会社を興して若者を呼び寄せ、社員寮などとして古民家を改修してふたたび人が住むところにしてきた、義肢義足を開発デザインし製造販売する日本有数のメーカー・中村ブレイスである。この町出身の中村俊郎・仁美《ひとみ》さん夫妻は、大きめの古民家を改修して「日本一小さなオペラハウス」にするほどの洋楽好きで、パリ在住の日本人バイオリニスト夫婦と交流を深めて、夏には長期滞在してもらい、若い世代のレッスンをしてもらうといった活動もしている。

まずは創業者に、中村ブレイス目線の現在・過去・未来をきくことにした。本社にうかがうと、満面の笑みをたたえた白髪の俊郎さんが出迎えてくれた。

あっというまに午後の3時間が過ぎた。ご本人が語る自身の伝記、ふるさと再生の物語を「かぶりつき」できく幸せをかみしめながら、ノートにメモをとりながら、質問しながら。ご自身も話すことに熱中され、合間に「ちょっと私の好きな白ワインがあるんですが1本あけましょうか」とかおっしゃり、のどごしのさわやかな冷えたワインまでごちそうになって。

銀山の歴史をふまえ、日本の生活文化を次世代へ伝えようとする松場さんとは、そもそも思想も志向も異なる中村さんという存在。石見銀山というコミュニティは、この「車の両輪」または「2本のレール」で走っているのだということを痛感した。しかもこちらの商品価値の決め手は「文化」ではなく、戦後ニッポンがもっとも得意としてきた「ものづくり」である。

中村俊郎さんは、家族のなかではのんびりした末っ子だった。たまたま縁あって京都にいた時、京都大学の義肢義足の研究者にかわいがられ、この道に入った。さらに勉強を、というので単身アメリカ西海岸にわたったが、死ななかったのが不思議というほどの交通事故にあい、それでも生き返ったという話をきいた。

何十年か前とはいえ、死の際にあったというリアリティーを、俊郎さん自身の、実に味のある語りで――。

「交通事故で救急病院に運ばれた時、耳から血が出ていたというんです。致命的な事故だったんですね。ところが――」

目の前で、ご本人がにこにこと話されるリアルなおかしさというか、なんだかうれしくなってしまう高揚感。だからこそこの町に戻り、どんなに無理だむちゃだといわれようと、世界に誇るべきレベルのことを成し遂げ、「世界遺産」にまで押しあげた原動力だった。それは、リアルなものづくりである義肢義足による未来開発にも、つながっていく。中村さんのふたりのお子さんが担う、例えばパラリンピックでメダルを目指す腕に障がいがある水泳選手の筋力をアップさせる義手開発の話。あるいはこの2〜3年に入社し移住してきた若者が朝の朝礼で突然語った「すごいアイデア」の話。すべてのエピソードが、俊郎さんの「たくまざる話術」と、たまにお茶やお菓子をもってきては話に加わる奥様の合いの手によって、その場でつながり、完成していくのだ。

そのユニークさ。それは、経済番組のエキスパートとして20年以上の取材経験をもつ私自身がいつも感じていた「都会的な最先端の技術開発力に根ざしたストーリー」とは、似て非なるものだった。

松場夫妻率いる石見銀山生活文化研究所と中村夫妻の中村ブレイス。まったく違うタイプの2社ががっちりタッグを組むカタチでシンポジウムを開けば、ユネスコがまさに目指す、世界でも例がないものになる。そんな確信を、私は得た。

シンポジウムに向け、私は、両家にふさわしい「キャッチコピー」の言葉をいくつか贈った。すると「歴史上はじめて」と大森の方々がみんな喜ぶ「両社相乗り」の裏表印刷でアピールするリーフレットができあがった。

ユネスコ主催のシンポジウムの前に「プレ・シンポ」が、試験的に行われた。

中国地方各地の里山資本主義のトップランナー夫妻を集めたトークの会を松場さんの拠点であるかやぶき屋根の大広間でやったと思ったら、直後にパネリストは移動。中村さん夫妻の拠点である2階建ての古民家で、さきほどは「講評」をされていたユネスコのジュリさんが「司会」を買って出る形で、パリ在住の夫妻によるミニコンサートがはじまる。普段はふたつに分かれているまちが、いったいとなって盛り上がった。

そしてその1カ月後、「本番」を担うユネスコの、スーさん率いる主力部隊が乗り込んでのシンポジウムが、いつのまにか開催されていた。私は、里山資本主義でもっとも信頼する存在である「日本人は一時的に山の木を使いきる里山の知恵を忘れているだけ」と語る岡山・真庭の中島浩一郎さんと、「瀬戸内生まれ瀬戸内海発の人と海とのもちつもたれつの関係である里海の知恵が世界の海の問題を解決しはじめた」と語る岡山・日生《ひなせ》の田中丈裕さんの快諾をえて、3人で古民家のひとつに泊まりこみ、連日の議論に参加した。

まさにその最中に、トランプ氏の米大統領当選確実のニュースが飛び込んできたのだ。脚本のよく練られたドラマのワンシーンのように。

私は小型の4Kカメラで撮影しながら議論に加わった。ファインダーに映るすべてが、ドラマを超えるドキュメンタリーの名シーンだった。江戸時代を練り歩くかのごとき白人、黒人、東洋人の男女パネリスト。オーストラリアの少数民族アボリジニーでインド在住の研究者などという人もいる。ドイツから移住したパン屋さんの若き主人に「パン片手に」話をきき、大森の小学校・幼稚園で子どもたちの演奏をきいてスタンディングオベーション。そして子どもたちとハイタッチ。鈴木くんは、自らデザインしたミノムシ柄の女性服について語り、その直後中村さんの長男が、義肢義足や乳がん手術した女性のための「シリコンおっぱい」について説明する。

合間の議論で、環境省の女性識者が、私の語る「里山資本主義」を訳す同時通訳の「SATOYAMA WAY」に目を丸くして「素敵な言葉ね」。

「結局マネーの額じゃないんだ」と、世界各地から集まった大学教授が口々に語った。夜には世界一小さなオペラハウスに両企業の若い世代が入り乱れるように集まって「移住者のホンネ」を語り合い、きく会が開かれた。クライマックスは東京外大卒の三浦類くんの真情吐露だった。とつとつと語るうち「でもホントは辛かった。東京で受けたマスコミの入社試験に全部落ち、でもここに来て優しく励ましてもらううち職業人として人間として再生できた」と声をつまらせた。撮影する私のカメラのファインダーが涙で見えなくなりそうになるその瞬間、割れんばかりの拍手。あいている片手でガッツポーズをした。

そしていつの間にか、私は、夜に武家屋敷の宿で開かれるユネスコのスタッフミーティングに居残って議論の輪の中心にいた。スーさんやジュリさん、ドイツ人のアレクサンダーさんなどに囲まれて。

私は、大学教授でもないのに、数カ月後・ドイツのルール工業地帯にある「元は公害だらけの鉱山のまち」が環境第一のモデル都市になったという現場をみての2回目のシンポジウムにも、招聘された。NHKエンタープライズの専務理事になっていた「親代わり」といっていい先輩が「ホントに呼ばれたの？」と首をかしげて笑っていた。

## 世界各地をめぐって議論した「石見銀山のくらしの価値」

2回目以降は、石見銀山の独自性をより「深掘り」するため、ユネスコ手持ちの世界各地の事例を学び直し、分析するためにひらかれるようだった。

行ってみると、1回目で懇意になったオランダ人教授と私のほかは、全員パネリストが変わっていた。何にこだわるか、ときかれ「大事なのは、地下資源でなく、今どんな資源を掘っているかだ」といったら、大半の専門家が「それは当たり前。その先よ!」という。どうやら私のリポートを読んで、この場にいるようだ。今、たどたどしい英語で語る日本人の大男が、書いた本人とも知らず。

初日を終えたあと、会場の一角でレセプションが開かれた。やさしく微笑むオランダの教授に「前提をやっと把握できた」と愚痴ると「対応できてるね。だからボクと君だけがレギュラーメンバーなんだ」と、種あかしされた。「そうならそうとはやくいってよ」とつぶやいたが、あとの祭りだった。

3回目は、なんと南アフリカの大都市ケープタウンの「巨大スラム」を舞台に行われた。しかも、元祖ミスター里山資本主義・和田芳治さんの1泊2日の大切な会に息子連れで参加したため、初日の途中での合流となった。はじめてのアフリカ。しかも市街から離れた場所にあるスラムまでは出迎えのタクシー運転手だけで、ジュリさんの携帯電話は留守番電話。極度の緊張で口の中はカラカラ。なのに、会場入りした瞬間、水を得た魚のように議論が「呑みこめ」た。スラムの小屋の中、舌を打ち鳴らす独特の現地言葉の女性たちの前で、挨拶がわりに持論を展開したら「話が長いですよ」とジュリさんに微笑まれた。

その夜、アタマがついに悲鳴をあげた。一睡もできず丸2日以上。気がついたら、日本の上司に電話していた。

「私の電話は盗聴されている。局の誰かから変なメールも来ている。調べてほしい」

「そんなはずないと思うよ。落ち着いたら？　休んだら？」

ユネスコ関係者の誰もが、私を組織が全面バックアップしていると信じ切っていたが、実のところは誰にもケアされない孤軍奮闘。ひとりで背負うには、重すぎた。私は里山資本主義という十字架を背負うジーザス・クライストのごとく、ふらふらの状態に陥っていた。

それでも、悲鳴をあげたはずのアタマはフル回転していた。ケープタウンのまぶしい日差しの中「ジャーナリストは入れません」という現地の案内人の注意事項をものともせず、男たちが街に働きに出たあとの、海岸の砂のうえの、水が一滴もない「世界最大のスラム」で、撮影はジュリさんのスチールに任せ、全神経を集中してパフォーマンスをあげた。

2回目のシンポジウムの帰りに参加したイギリス・オックスフォード大学の「ソーシャルインパクト（社会貢献投資）集中講座」で意気投合したジャンヌ・ダルクのような女性が説明してくれたとおりの「太陽光パネルによる電力と水の自給」の現場を、この目で見た。飲んだくれ男の襲撃に備え、子どもたちのために女性と支援団体がつくった「牢獄のような鉄格子で囲まれた小学校」をみんなで訪れた。1年生か2年生と思われる少女が、すくっと立ち上がり、「私は勉強してお医者さんになるの！」と言った。横に立って、拍手喝さいの音頭をとった。

それなのに、ふたたびバスに乗って宿舎に帰ると、同じアフリカ人として共感すべきエジプトの女性の学者が「はい、これで偽善は終わり」とかいって、力なく笑っている。スラムの小学校での少女の言葉が「真実」であり「希望」であると信じなくて、何が世界最古の文明の叡知か、といいたくなった。そういえば合間の休憩時間に、アフリカ経験の豊富な韓国人のスーさんが、私に向かって「西洋人じゃダメなの。アジア人の知恵が要るの。だから石見銀山なの！」と、いつものふわりとした日本語でなく、早口の英語で語っていた意味が、ようやく腑に落ちた。

アフリカや中南米の民主主義は、いまだに植民地時代の影をひきずっているのだ。だから清らかな水が当たり前のように家の前を流れる日本の田舎の知恵を、世界が必要としているのだ。

宿舎で、結局深夜まで語り合った。そして私は、尋ねた。

「なぜ私のようなものを、そこまで信用し、とことんつきあうのか？」

スタッフのひとりが、明かしてくれた。

「大学時代の英語劇の先輩で外交官になった先輩がいるでしょ？　KYOSUKEならとことん信用できる。そう太鼓判を押していたわ」

即座に合点がいった。その場にへなへなと倒れそうになった。

## 大学時代の「英語ミュージカル」の常識破りを糧に

彼は、東京大学の2年先輩。首都圏の35もの大学の有志が集まって春にレベルの高い公演を目指すMODEL PRODUCTIONの主演俳優もつとめた方で、社会人になってからも、有名なロックミュージカル『ジーザス・クライスト・スーパースター』の自主公演を、共に成し遂げた。彼が主演じたのが主役で、紀元ゼロ年生まれのスーパースター、ジーザス・クライストを裏切るユダ。私はジーザスを十字架の罠にはめる地獄の門番・ユダヤ教の大祭司カヤパ。たった一度の舞台のために3カ月リハーサルを続けた。私が『特報首都圏』という、首都圏向けの30分の報道番組の統括プロデューサーをしていた時だった。レベルは全国放送の看板報道番組『クローズアップ現代』並みだが、土日は必ず休めるという自身の環境を最大活用しての「無謀なチャレンジ」だった。くだんの先輩も、あろうことか、確か外務省の広報の要を担っていた。

私は若い頃から、誰に頼まれたわけでなく、道なき道の開拓者であることを自身に課す人生を、常に選択してきた。

大学3年の時、私がCHAIRMAN（委員長）をつとめ、1985年5月に公演した英語ミュージカル『FAME』は世田谷区民会館に、連日総立ちの興奮をもたらした。5公演で計6000人の観客を動員した。私は「史上もっとも東大生らしくない、我らがチェアマン」の愛称で呼ばれ、フレンドリーなリーダーシップで、様々な大学から集まった100人超をたばね、最強の軍団にした。多彩なメンバーから、NHK朝ドラのヒロインとなった藤田朋子、川平慈英などの俳優、国際的な分野で活躍する英語つかい。NHK教育テレビを支えるクリエイターなどを輩出した。さらにいえば、NHKでドイツやフランスの特派員を歴任した国際経済記者・有馬嘉男くんや、国際的俳優として活躍して後にNHK国際放送の審議委員に名を連ねた別所哲也くんも、私が指揮をとった年のキャストである。

親が期待する国家公務員への道をかなぐり捨ててまで学生英語劇にのめりこんだ原動力。

それは「いつか大人を見返してやる」という、強い思いだった。

あれは中学3年の夏のこと。バスケットボールの全国大会。地元中学との準決勝の試合で、ブラスバンドの大音量の完全アウェーの中、天才といわれたキャプテンはじめレギュラー3人が、不可解な審判の笛で反則を重ね、まさかの退場。コートに残った私は、キャプテンの代わりに初めて試合に出た、後に「実家の近所の地域総合病院の副院長」になる親友などと試合終了の笛をきいて、立ち尽くした。

ごく簡単な全国3位の表彰式のあと乗りこんだ帰りのバスで、泣きじゃくる後輩たちに向かって「あんな汚いオトナを一生かけて打ちのめしてやる！」と魔王のように叫んだ。

その雪辱を果たしたのが「ＦＡＭＥの公演」だった。大人からの金銭的援助はゼロ。唯一の収入であるチケット販売も各自のノルマ。しかも連日リハーサルだからバイトもできず日々の生活は困窮。それでも初日公演にはＴＢＳテレビの夕方の情報番組の「文さん」というベテランキャスターが来て、楽屋などを出たり入ったり、様子を観察したり質問したり、生放送の準備に汗をかいていた。一方私は、大学生のひとりひとりに頭をさげる文さんには感動しながらも、初舞台・初公演を前にガチガチの仲間のために「この生放送の責任者に話がある。勝手にあちこち出入り、は困る。私たちは取材謝礼ももらっていない」と、丁寧に、しかし強い口調で言い放った。

しかし開演前のそんなごたごたは、杞憂に終わった。

最初の曲、同名のハリウッド映画でアイリーン・キャラが歌った名曲「ＦＡＭＥ」を女子美術大学2年の主役・ココが全キャストを従えて歌い、踊りきったとき、１３００人の観客から「会場が割れるほどの拍手」が起きた。私は最後列の扉の内側で、両手を握りしめて、涙ぐんだ。


そのときのことは、きのうのことのように覚えている。


しかし、ユネスコが世界規模で行うシンポジウムで、孤立無援の状態のまま奮闘できるかは、また別の話だ。いくらMODEL PRODUCTIONの先輩が太鼓判を押してくれても、だからがんばれるというものではない。限界が、きていた。

私は、その頃まさに佳境を迎えていた2時間のドキュメンタリー『蘇る太陽の塔〜閉塞する日本人へのメッセージ』を、こちらもほとんど独りで完成させて、放送。翌日の生中継番組を中継車の中で立ったまま2時間叫び続けて指揮したあと、ついに燃え尽き、うつ病になった。２０１８年の早春のことである。

そしてその4年後、里山資本主義の仲間の必死の励ましをきっかけに、たった3日で「うつの泥沼」から完全脱出し、今、この稿を書いている。

## ふるさと長岡京での、筍をめぐる常識破りの挑戦

私の実家がある京都・長岡京でも、未来開拓志向の「とある動き」を、始めた。平安時代以来の伝統、世界に誇る品質の「長岡の筍、乙訓の竹林」を世界農業遺産に、あるいは文化全体をユネスコの無形文化遺産にという挑戦を始めることにしたのだ。

私が長岡京に越してきた1970年頃（当時はまだ乙訓郡長岡町だった）は、春、いたるところで大きな筍を売っていた。町内のパン屋の店先でも「朝掘り」と書いて。泥をつけたまま。よく家でゆでて、筍ご飯などにして食べた。長岡の北の向日市でも南の大山崎町でも、北西に接する京都府西京区の大原野などでも、同様の体験・思い出を共有する人は多いだろう。

ところが今、その光景はすっかり少なくなってしまった。筍の竹林をもつ旧家が軒を連ねる阪急・長岡天神駅の近くに、朝掘ってきた筍を売る場所があるくらい。京都などの料亭とか、錦市場には送られているのだろうが、竹林で農家が売る小さな筍を買ってきて食べるといったささやかな体験をほんの少ししているに過ぎない。そもそもかつては広大にひろがっていた手入れの行き届いた竹林の多くは住宅地に、姿をかえている。

後継者不足の問題もいよいよ深刻化している。加えて、このあたりの、京都や大阪のベッ

ドタウンとしてのポテンシャルはあがる一方という現状を鑑みれば、残念無念とかいいながら「昔このあたりは、日本でもここだけという筍がとれて、それはそれは美しい竹林の風景があったのよ」と、みんなで知らん顔して店じまい、というのが、客観的には最良の選択なのかもしれない。下水のマンホールのデザインが竹だったり、2023年に完成した長岡京市役所の新庁舎のあちこちに竹のデザインが施され、1階の天井には本物の竹があしらわれたりしたとしても、「かつての栄光」をしのぶものであればいい、ということなのかもしれない。農地扱いの土地の用地変更が行われ、マンションや住宅になった方が、みんなハッピーだということなのかもしれない。

しかしそんな態度やあきらめこそ、マネー全盛時代のおろかなお先棒担ぎではないか。静かに水をたたえる竹藪の地中に思いを馳せることが最先端だということに、気づくべきだ。長い時間育まれ、受け継がれてきた文化や技。その価値を「たった100年か200年の常識」に基づいて葬り去る「愚」に、現代人は気づくべきだと思うのだ。

なんとかして、残せないものか。元へ戻すのではない未来形を模索しながら。

私は、2023年の春ごろ、ちょっとしたコラム風の文章を書いてみたことがある。

タイトルは「京都・長岡京は〝ポテンシャル王国〟のはずなのに……」。

かつて日本の「都」がおかれたところ。

日本一といわれる高品質の「たけのこ」がとれるところ。

京都からも大阪からも、電車で30～40分。

さて、どこでしょう。

地元の人でないと、なかなか「正解」できないような気もする。

なぜか、かなり「埋没」している。

答えは、京都・長岡京市。ＪＲで京都駅から４つ目の長岡京駅。阪急では特急がとまる長岡天神駅。非常に便利で、かつ魅力も多い……はずなのだが。

大阪から京都に向かう日本の観光客も、京都から大阪に向かうインバウンドの外国人も「ほとんど素通り」というのが実際のところだろう。海外の食通が通うレストランは？　いくつかあるのだろうが、あまりきこえてこない。外の人に自慢したくなるような魅力的なホテルや旅館も……。

観光協会のホームページを見てみた。がんばってつくられている。

自慢の「たけのこ」、確かに強調されている。

だが、なんというか……。

「筍のマップ～お持ち帰りとお食事処～」という表示がある。

しかし、よくあることだが、やっている店が全部、平等にマッピングされていて、結局「あちこちにある」ということがわかるだけ、になってしまっている。「春の観光まつり、たけのこフェスタ」というのもある。花も見られる一番いい季節にイベントをしているのだ。

しかし中を見てみると、「朝どれのたけのこ、たけのこ弁当、竹製品、観光グッズ、特産品などの販売」……？

この手のイベントは、いい方は悪いが、「普通のたけのこの産地」におまかせすればいいのでは、思ってしまう。

もっとわかりやすくいえば、それは例えば、「いまいちブランド化もできてなくてみなさん知らないでしょうが、この町では結構たけのこがとれまして。みなさんに買っていただくと消費が増えて、農家さんももっとがんばれると思うんです」という、イベントのうち方だと思うのだ。

一方「長岡京のたけのこ」は、まぐろでいう「大間のまぐろ」。ブランド中のブランド。日本、いや世界に冠たる「トップブランド」なのだ。

それなのに、今やっていることはいわば、正月明けの豊洲市場で1本何千万円もの価格で競り落とされるマグロを、地元のイベントで一皿100円で売って、「あんまりお客がこなかったね。どうしたらもっときてくれるんだろう」といっている、その感じがするのだ。

もちろん「あえて100円で売る」という戦略もありうる。でもそこには「競り落としたすしざんまいが、一皿の値段は普段通りで売る」感じの、「わくわく感」や「超お得感」が計算されていなければ意味がない、という類のことなのだ。

ホームページには、確かに「すごい育て方のたけのこ」だという説明もある。しかしそれが、伝わってこない。

もっと胸を張って、もっと自慢していいのに。「謙虚」であることは意味がなく、逆効果かもしれないのに。

このホームページをたまたま見た人は、つくり手のこんな声をきいているような気になってしまう。

「たけのこだけではインパクトがちょっと、というかんじでしょうか。あとは、そうですねえ。あの天下分け目の「天王山の戦い」で天王山の羽柴秀吉に対して明智光秀が陣取った勝竜寺城とか、目の病気にいいとされる名水がわく楊谷寺・柳谷観音とか、真っ赤なもみじで有名な光明寺とか、真っ赤なきりしまつつじで知られる長岡天満宮とか、ぼたんで有名な乙訓寺とか、そんなものしかなくて。突破口が見つからないんです。どうしていいかわからないんです」

町おこしのイベントとか、ふるさと納税とか、苦心惨憺する「ずっと田舎の市町村」の方々には、「天下分け目の天王山……」だけでも十分すごくて、口あんぐりの「贅沢な悩み」なのに……。

自分たちのポテンシャルに気づいていない。最大限活かそうという何かが足りないのだ。

観光協会をつるしあげよう、というのではない。本当によく陥りがちな事例だと思う。

なぜそんなに文句をいっているかというと、実はここが私の故郷だからで、いつも偉そうなことをいっている私が、実は自分の故郷になんの貢献もできていない……からでもある。正直なところ。

ひとつの「突破口」を提案してみたい。

今、その「トップブランドたけのこ」の大半は、市場に出され、まるのままちょっぴり高めの価格で売られるほかは、京都市内の料亭とか、祇園のお茶屋さんとか、大阪の有名和食店とかに行ってしまっていると思われる。

地元で、ちょっと奮発して、おいしくいただけるのは、長岡天満宮の入り口にある

「八条ヶ池」（この名前も、長岡京の都っぽいですよね）のほとりにある「錦水亭」という明治14年創業という老舗料理店と、その他数軒くらいだろうか。1万円くらいの「たけのこづくし」や、2万円ほどの「魚なども食べられるたけのこ料理」が味わえる。

錦水亭の「たけのこのおさしみ」を食べて「本当のたけのこの実力」に目覚めた人は、私の家族も含めたくさんいるに違いない。

だが、もっと、今はやりの「ガストロノミー」にささる店があっていい。「日本に何度も来ていて、東京の浅草や銀座の名店も行った。京都の有名旅館や料亭や湯豆腐の名店も行った。でも、まだまだ行きたい。金額はむしろもっと高くていい。驚きが欲しい。うなるような満足を味わいたい！」というインバウンドの外国人客が、京都のホテルからタクシーを飛ばして来るような店。昼はまわりの人向けに1500円くらいのランチを出しているが、夜はひとり3万~5万円という「インパクト」のある店を、市や観光協会も含めた「みんな」でつくってみたらどうか、と思うのだ。

そういう「圧倒的にすごい店」が一店できれば、そこが「知る人ぞ知るうわさの店」になったら、長岡京のイメージはがらっと変わるだろう。

同様のコンセプトのフレンチやイタリアンの店も続々できるだろう。そうなれば、長岡京に泊まりたいという人も出てくるから、リッツ・カールトンとかフォーシーズンズあたりのグローバルな高級ホテルが「隠れ家的高級プチホテル」を建てたりするだろう。あるいは、それを迎え撃つ日本式のおもてなしにこだわる星野リゾートとか。その起点となる「超高級で地元ならではの筍の店」を、というのが私の提案だ。

せっかくなら、たとえば地元の「本物の古民家」を改装した店にしたい。試しにちょっと歩いてみたら、イメージにぴったりの空き家があったから、候補地選びにはたぶん困らない。

使う「たけのこ」は当然、天満宮の裏手、天神と呼ばれるあたりの竹林で、朝どれの、一番いい条件で収穫したものを使いたい。本来は3月から5月のものだが、そこは最先端技術を駆使した保存技術で、年中たべてもらいたい。市内には、例えば高い技術で世界に知られる村田製作所の本社があるから、特別にお願いして開発した技術を提供してもらえれば、それ自体が「長岡京ならではの強み」になる。

そして、おいしい食べ物には、おいしいお酒。

待ってました。市内には、サントリーのブランドビール「ザ・プレミアム・モルツ」の主力工場がある。桂川水系の伏流水と天王山山系の地下水がほどよくブレンド、というのが一番の売り。特別に「できたてビール」を直送してもらえば、また長岡京ならでは、となる。

さらには隣町の大山崎町の、車で20分ほどのところに、日本有数のウイスキー工場「サントリー山崎蒸留所」がある。あの「山崎」も地元産なのだ。

料理に使う水も、「水の実力」で知られる長岡京の強みをアピールしたい。さきほどあげた「柳谷観音のご神水」とか（山崎ウイスキーと基本的に同じ）、天王山の戦いで羽柴秀吉が飲んだという「大返し力水」とか、明智光秀が飲んだという「ガラシャおもかげの水」とか（プレミアムモルツと基本的に同じ）名水はいくらでもある。水には特にこだわりたい。

店に来てもらう際には、たけのこのとれる竹林の脇を抜けながら、「太くて立派なたけのこがとれる孟宗竹の日本伝来ってご存じです？　その先の海印寺の寺、寂照院を開山しはった道雄上人というお方が、延暦20年、８０１年に唐からもち帰ったとされてます」なんて「うんちく」も、たけのこ料理の素晴らしい「調味料」になる。

今の時点では、全部妄想である。でも、はじめてみれば案外うまくいくのでは、と思っている。

また、多くの人は「そんなのは超お金持ちの話で、われわれ庶民は関係ない」というのだろうが、多くの「ある食材や料理で有名な地」は、こういう店をけん引役、旗印にして、比較的リーズナブルな店もやがては充実していく、という道筋をたどっている。

海外の富裕層などをターゲットにした、ハイエンドの店の横に、地域に事務所や工場を置く企業が会食に使える店、コロナ禍のあおりでランチ難民になった地元の人たち向けの店、そして「子ども食堂」の役割を担う、「いつでもたけのこご飯が数百円で食べられる店」をつくる、という発想はどうだろう。

今回は、里山資本主義にしては、「お金儲け」の話が大半を占めたが、よくよく思い返してほしい。

長岡京のポテンシャルそれ自体は「プライスレス」だということを。

## “姿なき”最高級「京たけのこ」掘りの現場へ

2023年の3月か4月に、最高級筍を、最高の料理にして食べようという会を企画した。当日の旬の朝掘りの筍と、筍農家ならではの豊富な知識を提供してくれるのは、石田ファームの石田昌司さん。高い戦略性と広い人脈でこの活動を「本物の運動」にしていただく知恵は、2024年の春まで同志社大学教授で、元世界農業遺産の国内審査員でもあった大和田順子さんに出していただいた。竹林の中のあずまやで創作料理の腕をふるうのは、石田さんが親しくする錦市場の料理人。最高の「京たけのこ」の掘りたてを絶妙に調理してもらい、日本一のたけのこを食べる感動を体感してみよう。そして筍と竹林のホントウの価値について熱く語り合い、発信しよう、ということになった。

私と大和田先生が先導するカタチで、筍の体験会を4月初旬の週末に行った。当初は前の週に予定していたが、石田さんから「ことしは急な花寒むで全然たけのこがでていない」とのSOSが出され、急遽1週間繰り延べた。

知っているようで全然知らなかった世界を、間近で体感する濃密な一日となった。いうなれば、地中世界の神秘。そして、地中の水と土が織りなす環境が育む繊細さとかふくよかな香りをそのまま身にまとった「ちょっと曲がってとんがったイノチ」が、私の全感覚に押し寄せた日とでも、いえばいいだろうか。

当日は、事前に了解をもらい、午前7時にたけのこを掘る竹林にお邪魔した。30代くらいのお弟子さんが準備を始めていた。竹林には「ここに掘るべき筍が」と示す竹の棒がいたるところにさしてある。よく見ると、先っぽがほんの数センチ頭を出している。その様子を観察し地下茎からどう筍がのびているのかをつかんで、その名も「ホリ」という鉄の道具を、1年かけてつくりこんだやわらかく黄色い地面に差し込んでいく。

見えない世界を実際にみているように、状況を把握し最適のカタチで掘り出す技。ホリを何度か突き刺しては善し悪しを判断し、いけるとなったらグイッとテコの原理で筍を地面の上に現れさせる。思ったより小さかったり思いのほか大きかったり。横で少し見ているだけで、奥の深さがわかってくる。700グラムほどの良型を掘り当てると、思わず感動がこみあげてくる。見えない世界だから、想像するしかないから、面白いのだ。

そこへ師匠の石田さんが現れた。竹林に足を踏み入れるなり、素早くいくつも竹でつくった目印を、歩きながらどんどん刺していく。きのう雨だったとはいえ、そんなにたくさん掘るべき「雨後の筍」があるとは。気温があがって一斉に伸び始めたらしい。

石田さん。お弟子さんの仕草を見ながら、地下茎からの筍の伸び方をもっと正確にとらええるには、という趣旨の話をしている。なるほど、そんなふうに「見えている」のか。

石田さん自身、いくつか掘るうち、感覚が研ぎ澄まされるさまが、見てとれる。そのうち、わずか数秒で掘り出すようになった。そうかとおもうと、運び役をしていた、まだ筍を掘った経験がない女性の横について、コツを実地指導していた。

それにしても、掘りたての真っ白な京たけのこは、ものすごい香りを放つ。乳酸菌のなせる業なのだそうだが、どこからともなくハエが集まってくる。去年の夏は酷暑がひどくてほとんど見た記憶がないハエ。しかし、作業場に運んで筍のカタチを包丁で整える間に、群がってくる。だから筍は、出荷の段ボール箱に入れるまで、むしろのしたに隠しておく。むんむんする「湿り気」がすさまじい。

午前中の4時間あまりで「最高の筍」70キロを掘った。ここからは時間との勝負。大きさなどを見比べ、どんどん段ボールに入れて出荷の荷札が貼られていく。

## 〝エグミなし〟究極の「京たけのこ料理」

そこへ、石田さんと仲のいい、京都の台所・錦市場のプロの魚の店で働く料理人・内藤一郎さんがふらっと現れた。手には近所で評判の豆腐屋で買ってきたという青い豆の豆腐とお揚げさん。「なかなかおいしそうですわ」と、にこにこしている。

大きめのボウルをもって竹林に向かう内藤さんに、ついていった。大きな山椒の木で、丁寧に花山椒をつみはじめた。

「いい筍には、いい花山椒。これがないと。こういう木をもっと育てとかなあかんのやけど。この木、さいこうです」といって、つんだ山椒を私の鼻先に。思わず深呼吸。至福の香り。なるほど、この香りが、白い筍の乳酸菌の香りとあわさるわけだ。

ボールいっぱい花山椒をつみ、調理する部屋に戻ると、筍を短冊に切って、味見した。サイコロ状のいくつかを手渡してくれる。口にいれたら、リンゴの香りと味がした。

ゆでる水に、定番の米ぬかはいれない。

「まったくえぐみのない筍やから、ぬかの匂いが邪魔になる。そのレベルやから」

昆布と花がつおで、丁寧に出汁をひく。豆腐をつぶして錦市場御用達の味わい深い白みそを加え、花山椒で香りをつける。手の甲にのせて、ちょっと味見。私の手にも。

「さいこうやね」とひとこと。

とかいってるうちに、大和田先生がお仲間の女性たちをつれてやってきた。

余計なことはせず、筍の味に集中できる繊細な足し算。信じられないほど、洗練された世界に圧倒された。

ゆでたての筍を白和えで。あおさの海に浮かべて。おいしい食パンと一緒に巻き寿司風。そして食感を大事にした筍ご飯。さらにデザートとして筍にあんこを添え生クリームをたっぷりのせて。

素晴らしすぎて、ためいきが出た。大和田さんや、滋賀県職員として琵琶湖システムの世界農業遺産認定を粘り強く勝ちとった青田朋恵さんの「とにかく理解者・共感者の輪をひろげること」という話にうなずきながら、至福の数時間は、またたくまに終わった。

内藤さんは、1カ月ほどたってさらにもう一度、ご自宅で、筍や、石田さんがつくったメンマをつかった絶品料理をつくって、その奥深さを体験させてくれた。メンマのおいしかったこと。この料理には織部、別の料理には焼きしめた清水焼、そしてあるときは漆を塗った陶器と、料理ごとに内藤さんが好きな作家さんのうつわという、もうひとつの楽しみ。

長岡の筍を世界遺産にというお話。ここまで楽しみ、味わってしまったら、まずは幅広い盛大の市民を含むいわゆるステークホルダー、地域の外にいる関係者に共感を広げ、やれることを一つずつすすめていきたい。大和田先生とともどもそう語り合い、握手と笑顔で解散した。

それにしても、内藤さんの自宅にうかがい、ほっぺたが落ちそうな品々をいただいていたとき、石田さんがぽろっともらしたひとことが、あたまにひっかかっている。今後どんなにがんばっても、その辺全部竹藪だった時代の筍はもうつくれないかもしれないと、語られたのだ。

長岡で受け継がれてきた筍づくりは、自然のままより、少し負荷をかける。例えば竹の間隔をちょうどいい間隔より少しまばらにして、がんばって筍を出さないと次の世代に種を残せないという危機感を抱かせる。自然のままより少しだけ「人工的」なのだ。そういう絶妙の関係性を保ってきた。しかし、そういう微妙な匙加減ではどうにもならない事態が進行している。

「竹林がどんどん宅地になっていくと、土が乾いてしまう。昔はよく霧がたちこめたものだが。あのなんともいえない湿気がおいしい筍のバロメーターだった」という話だった。

長年日本一の筍づくりを支えてきた長岡の竹林の、地中の絶妙の環境。それは、山の方から流れてくる地下水と、それをうけとめる一定規模の竹林あってのことである。どんなに土づくりをがんばっても、適切に竹がのびるのを止める「シンドメ」をしても難しくなる。目には見えない地下の水の世界をないがしろにしてしまっては元も子もないという、この稿の究極のテーマが、長岡の筍でもあたまをもたげてくるのだ。つまるところ肝心なのは、ウルトラウォーター、だったのである。

## 東北の地・奥入瀬で出会った岡本太郎の「ウルトラウォーターアート」

京都・錦市場の料理人・内藤一郎さんが私の語る夢におおいに反応され、休みに自宅で、もう一度筍の料理をふるまいたいという話が盛り上がっていた2024年の4月下旬。私は、かねてから気になっていたところへ、向かっていた。そして、見てしまった。

岡本太郎が晩年につくりあげた、巨大アートを。それはまさに、生涯をかけて縄文を取り戻せと訴えた太郎が、異次元気候変動の猛威や、食料・エネルギーの高騰の時代を見透かしたかのように「これを見よ！　よくよく考えて行動せよ！」といいながら示した、いわば「ウルトラウォーターアート」だと直感した。

そのまま飲める清冽な水が毎分何千リットル何万リットル流れ続ける東北・奥入瀬のすぐ脇にある奥入瀬渓流ホテル。吹き抜けとなったロビーに、そそりたっていた。

高さ10メートルの暖炉彫刻「森の神話」。そして、VIP客などがゆったりした時間を過ごせるもうひとつのロビーにある「河神」。

それぞれの作品に「TARO OKAMOTO」の文字がみえる。しかし、けっして安くはないお金を支払ってロビーでくつろぐ宿泊客は、この巨大アートにほとんど、目もくれない。数多くをしめる中国からの客のほとんどは、太郎の暖炉彫刻に背を向けてスマホにかじりついている。

おそらく誰もが、この「一見しただけでは理解不能」な巨大アートのことを、まったく知らないまま、素通りしているのだ。奥入瀬の水と森にわけいるアクティビティーには熱心に参加しているというのに。心地よい湿気の中でいきいきと育つ「かわいい苔玉」づくりなどに参加しては、おおいに楽しんでいるというのに。

私はしみじみと思った。太郎が現代に投げかけるその深い深い意味を、ホテルで懸命にサービスする若いスタッフや、実は岡本太郎が好きな宿泊客に伝えるために、私はここに来たのではないか、と。

『蘇る太陽の塔』を制作していた頃から、来たくて来たくてたまらなかったのに、果たせずにいた。異次元気候変動が一段と異常さをきわだたせる２０２４年の春というタイミングでやってきて巨大アートに、出会った。飽かず見上げては、「やっぱすごいな。ＴＡＲＯさんは、なんでこんな時代になるってわかってたの？」とつぶやきながら、早速、まわりのいろんな人に私が感じとったその意味を語ってみた。20歳前後の女性スタッフなど、私の話をきいた人の反応は、思った以上に良かった。ほとんどの人が、目を輝かせた。

ふたつの巨大アートはなにを意味するのか。

「森の神話」のテーマは、森の神秘、だろう。漏斗状の長い長い筒。銅か青銅といった質感の金属板一面に描かれた、小鳥や森の妖精。それらは森羅万象であり神である。逆にいえば、人間は森を構成するひとつの種に過ぎないということを、森の無数の生き物たちは教えてくれている。それを受け入れられるようになったら、どんな気候変動の時代にあっても、私たちの心は落ち着いていく。そして、今やるべきことが見えてくる。そして、一番目立った場所で、これはＴＡＲＯの作品だよ、と訴えかける目玉のような鳥のような造形。渋谷駅のコンコースにかかる巨大絵画「明日の神話」でも、おおいに幅を利かす、独特のキャラクター。その姿は、とても愛らしい。

「河神」のテーマは、自然の威力に翻弄される人類、ではないか。目の前にそびえる巨樹の白い幹。もみじの大木のような。皇居・北の丸公園の雑木林にみられるアカシデの大木の幹にも似る。幹のあちこちには、しがみつき、きりきり舞いする人間たちが、何体も配置されている。それは１９４９年の作品「重工業」に描かれる人たちを彷彿とさせる。機械をこきつかうはずが、逆に機械の奴隷になってしまった戦後の日本人。機械の歯車に巻き込まれ、なすすべを失ったあわれな姿を描いて「それじゃ全然豊かになってない。退化している。目を覚ませ」と訴えた。それから半世紀、状況はさらに悪化している。ひとり一台ひとときも手放せなくなった小型のコンピューター・スマートフォンに夢中になり、ＡＩに仕事を奪われると泣きごとをいう現代人。気候変動の嵐に吹き飛ばされそうになり、森の巨樹にしがみつく。そんな「現状」を示唆しているように、私にはみえる。

りんごキッチンと名づけられた朝夕の食事の大部屋の外にもうひとつ、太郎の作品が、さりげなく配置されている。大きな桜の木のしたあたりにあって、朝食のとき外の見える席に座ると、目に飛びこんでくる。

岡本太郎展の図録によれば、作品名は「河童」。すぐそばに清い水の流れがあることを思えば「ぴったり」な感じもするのだが、口のデカいこの怪物、どうみても、『ウルトラQ』に出てくる怪獣・カネゴンにそっくりなのだ。

カネゴンは、お金しか食べない。ところが奥入瀬の川や森にはお金がない。山菜もキノコもふんだんにあり、春のこの時期は歩道の両側に苔むす手すりや、スズランの花咲く小径もある。でも、お金だけは、落ちていない。

最後の作品「河神」が完成したのは、太郎が亡くなった１９９６年。天才のなせる業としか思えない作品のメッセージを、今こそ多くの人に伝えるべきだ。

私が今回、東北の旅を決意したのは、この巨大アートと出会うためだけではなかった。

「あきた森の宅配便」という都会の人のかわりに山菜とりの達人が山に入り、山菜をとって送るビジネスを展開する旧知の友人がかつて紹介してくれた、「水」にこだわる2家族に会って話したいと考えたからだ。

ひとりは、元は日本で2番目に大きな湖だった八郎潟にそそぐ川の源流、潟上市で、徹底した有機米を生産する農家夫婦だ。２０２３年の気候変動は異常を超えていたと語った。7月突然の秋田市と周辺地域を襲った大洪水。そしてその後、40日以上続いた日照り。田んぼは過去最悪の事態に。やっと収穫した米も、脱穀しようとするとほとんどがボロボロと割れてしまったという。大事なのは山から地中を流れてくる水ではないかと直感し、深さ5メートルの井戸を念入りに掃除した。その後井戸の水は枯れるどころか、安定している。戦後の食糧増産の掛け声の中で八郎潟という大きな湖がなくなったことを、もう一度問うべき時代がきているとも感じている。

もうひとりは、山奥の分水嶺に近い鹿角市で、江戸時代にあけられた長い長い手掘りの水路を保ち、小水力発電でエネルギー自給も実現しながら、天空の里の集落の田んぼの水を確保し、子どもたちの未来の希望を広げようとする男性。秋田と青森、そして岩手にまたがる山岳地帯は、単に水量が多いだけでなく、土壌がいい。その価値をないがしろにしてきた戦後を反省し、気候変動の時代の新たな価値を打ち出していけるか。それを子どもたちの目線と意見を前面に押し出すカタチで打ち出していきたいという話に、胸があつくなった。そして早速、6月に行われるイベントに、私も参加することにした。

イベントには、野澤日出夫さんという小岩井農場の現場で長年働いてこられた旧知の方も参加された。かつて野沢さんの紹介で、日本最大の漆の産地・浄法寺のリーダーにつながり、その名も「JAPAN」である漆の技と漆器を再興させるべく動いたことがある。漆こそ、縄文時代に日本で確立した独自の技と文化である。

2025年は「万博イヤー」で、「被爆80年」。

そんな草の根の動きとも連動しながら、奥入瀬の岡本太郎のウルトラウォーターアートの存在を明示しながら、大阪の万博記念公園に立つ高さ70メートルの縄文の怪物・太陽の塔、そして渋谷の核兵器と人間をテーマにした巨大絵画「明日の神話」と呼応させるカタチで、世界と地球の解決策を考えていくことはできないだろうか。

## 異次元気候変動の瀬戸際にたって

日本各地の世界農業遺産に認定された水辺は、大変な事態に苦しんでいる。

2023年12月から1月、琵琶湖での鮎の稚魚・氷魚の漁は過去最悪だった。原因は、異次元気候変動だと見られている。鮎は水温が23度以下でないと産卵しないらしいのだが、年末になっても琵琶湖の水温はなかなかそれ以下にならなかったのだという。

3月の末、魞漁をする駒井さんを訪ねた。翌朝漁に出るというのに、深夜に帰って来た。網になにも入らず収入がないので、飲食店などでバイトを始めたのだと、ひきつったような表情で語った。

翌朝は、いい天気。でもやっぱりだめかなあといいながら舟を出した。数日続いた雨で湖の水位があがっていた。駒井さんが、ひょっとすると魚が動き出したかもしれないといいながら、魞の網の高さをあげはじめた。そして、魚が追い込まれる部分の網をたぐっていく。氷魚が何匹か見えた。網をせばめていく。結構いる。年が明けて初めてことが起きたと駒井さん、満面の笑み。

魚がたまったところにタモを入れると、ずっしりとたわむ。船の上に設置された、魚を大きさごとに選別するふるいのようなものを入れると、体長2〜3ミリの魚は下の水槽へ。体長5センチほどの稚鮎がぴちぴちはねる。茶色いなまずの稚魚のような体形の魚もいる。この季節、湖の深いところから産卵のために浅瀬に移動するイサザという琵琶湖の固有種。味の濃いおいしい魚だと駒井さんが教えてくれた。

この日は、稚鮎1キロあまり。氷魚800グラムほど。そしてイサザも1キロ。漁協で受け取るベテラン漁師もうれしそうだ。

しかし、例年に比べれば微々たるものだ。専業の漁師は、これでは食べていけない。この事態をどう打開するのか。これまで全国の川に鮎の稚魚を供給してきた琵琶湖で、鮎が激減する事態だから、琵琶湖だけの問題ではない。

同様のことは、ほんの数年前まで天然鮎の遡上が多すぎて、河口あたりで一生をすごす潮鮎の姿が数多く見られた南紀・古座川でも、5月アタマの時点で、遡上してくる天然鮎の姿をまったく見ていないと、オオサンショウウオのシンポジウムの実行委員長をつとめ、鮎釣りのガイドなどをする男性が真顔で語った。

昔からの漁師の経験値と最先端の技術を駆使して、鮎の自然減食い止めに本格的に乗り出した岐阜・長良川だけは、順調な鮎シーズンを迎えそうだが、全国の河川の2024年の鮎は、かなり深刻な結果になりそうだ。

琵琶湖から買った鮎を放流して、友釣りの釣り人からの入漁料に頼るだけという戦後の常識が通用しない時代が、突然やってきた。気候変動は毎年くるもの、との前提で、これから何をどうしていくべきか。自然の中で生きる魚や、なまずやスッポンやエビなどは、必死で生き抜こうとするだろう。おそらく、そんなに簡単に絶滅などしない。戦後の沿岸開発や水質汚濁に耐えたしぶとさは、実は並大抵のことではない。

問題は、人間たちの方にあるだろう。ビジネスの常識とやらにいつも以上にがんじがらめになり、旬を外すと儲けが出ないとか、産地が様変わりすると対応できないとか、果てはなんだかわからないが風評被害でもう打つ手はないとか、できない理由ばかり並べて絶望する人があふれかえるだろう。しかし、私たちに「気候変動は勘定に入れず」などという選択肢はないのだ。もともと人間がひきおこしたことだ。毎年が非常モードなのだと開き直って、自分たちの非常スイッチを入れるしかないのではないか。

「明るい未来」を感じる現場を、琵琶湖の東岸、彦根市から東近江市の田んぼで見つけた。

2024年6月末、ようやく梅雨にはいった田んぼの脇の幅1メートルほどの水路に、網をもった小学生の男女が集まっていた。ちょっとすくうと2センチくらいの鮒がいっぱい入る。大きな目と流線形のカラダ。半月くらい前、水路から田んぼに入った親が産んだ卵がかえり、オタマジャクシなどとともに育ったニゴロブナの稚魚。田んぼの水を抜くことになって流れ出した水とともに、勢いよく湖水を目指す、ちょうどその日を迎えていたのだ。おびただしい数だ。

ニゴロブナは、琵琶湖に古代から伝わる珍味「鮒ずし」に欠かせない。でも戦後、マニアなどの手で放されたブラックバスやブルーギルなどの外来種によって数を減らしていた。さらに、国や県がおし進めた公共事業によって、田んぼよりかなり低い位置に水路が通るカタチに変えられ、ニゴロブナの親は、田んぼに〝のぼれなく〟なっていた。それを知った、近くにある積水化学の工場の人たちが、製品である強化プラスチックの端材を提供。水を段々にせきとめて、田んぼまで〝のぼる仕組み〟をつくった。するとふたたび、親ぶながピョンピョンとんで、水路から田んぼに入り、卵を産めるようになった。しかも、流れに逆らって泳ぐのが苦手な外来種は、追うことができない。

もともとは、人がおなかいっぱい米をたべるためにつくった「人工物」に違いない田んぼが、琵琶湖に生きる魚を育む。絶滅させるどころか、湖のそばに人が田んぼをつくったことで産卵場所ができ、魚の役に立つ歴史が続いてきたと考えられるという。さらにここ10年ほど「ものすごく物理的な里湖の営み」が続けられたことで、ニゴロブナの産卵環境は、改善した。

あわせて、神戸大学の研究者たちの調査で、ニゴロブナは10年くらい生きること。鮭が母なる川「母川」にかえってくるのと同様、たとえば彦根の母なるたんぼにピンポイントでかえってくる「母田回帰」が「耳石」を調べることでわかってきたという。

そのかわいい鮒の赤ちゃんを、近くの子どもたちが歓声をあげながら網でとらえ、顔を近づけては観察して「おおきくなってね」と声をかけて、水路に戻していた。

外来種は、様々な努力によって数を減らしている。

気候変動の猛威の中でも、「人と自然がともに生きる」琵琶湖らしい田んぼの営みは、復活してきているのだ。

最後になるが、世界農業遺産に認定された日本の里山・里海で、もっとも深刻な被害を受けたのは、いうまでもなく、２０２４年1月1日に地震のおきた「能登」である。

私自身、友人や知人も多く、様々なことを学んだし、書いておきたいことも、たくさんある。

しかし、まだ何もできていない。今後の取材や活動、新たな稿での「宿題」とさせていただく。

エピローグ

# 現代医療の妥協なき最前線で起きた奇跡

〝親父の一番ナガイ日〟

奇跡の朝顔

２０２４年2月の節分。多くの家から「鬼は外！　福は内！」という声がきこえ、たくさんの料理店やスーパーやコンビニなどが、一斉に恵方巻を売り出していた「冬の日」。長い長い堤防の道を大股で歩く大男が、またなにかを見つけていた。

——一面、ワイルドな菜の花畑か。

酷暑がつづいていた２０２３年の9月に、ワイルドな朝顔の双葉を無数にみた、長い長い堤防でみた「春の風景」。この菜の花を、見せたい人がいる。

思えば、朝顔の双葉の少し前には、普段は用心深いキリギリスが、私のスマホ撮影を気にすることなく、悠々と音楽を奏でていた。

実家に帰ると、「珍しいもんが撮れたな」という母のそばで、いつになく熱心にキリギリスの写真をのぞきこむ父の姿があった。

しかしその日、居間のいつもの席に、父はいない。２０２４年の正月あけに突然倒れ、救急車で近くの「地域拠点病院」に運ばれたのだ。診断の結果、秋から冬の時期に進行がんを発症。末期の状況になっていた。異次元といっていいすさまじさだった酷暑のストレスを体にためこんだのだろうか。がんの画像をみせながら説明する担当医師は、私の疑問に、「そうかもしれません。この病院でもそういう高齢の患者さんが、非常に多いです。証明されたわけではありませんが」という実感を、率直に語った。

しかしコロナの規制が続いていた病院の入院患者への対応は、さらに過酷だった。面会時間が極度に制限されたため「家族の励ましが欲しいのにほったらかし」な状況のまま、数週間が過ぎていたのだ。これでは病気と闘うどころか、孤独死しかねない。

父親の最期の数日、せめて家族が見守れるようにできないか。専門の看護師が地域医療のネットワークにあたって転院の可能性を探ってくれた結果、家族面談してくれる病院が見つかった。どういうご縁かわからないが、この半年以上「映像記録係」として通っていた下柱御霊神社と同じ町内にある、大手企業の名を冠した総合病院にある「緩和ケア病棟」だった。

予約時刻を10分ほど過ぎたころ、面接していた患者家族と入れ替わりに、看護師さんに「どうぞ」と招きいれられた。

病棟を統括する医師が、話し始めた。まず口にしたのは、この専門病棟が提供する緩和ケアのレベルは、今の現実社会にほとんど理解されていないということだった。

「今は、痛みを徹底的に取り除けます。テレビなどで繰り返される医療ドラマの常識の、むしろ真逆の世界です。例えば末期がんでも、一般的に処方されるのと同じ薬で、ほとんど完璧に痛みはとれます。血液検査の結果と過去の使用結果をもとに適切に判断することで。特別な対価も求めません」

手づくりの説明の紙どおりに、秘めた自信をちらりと見せながら。初対面ながらフレンドリーな態度で。

私の中で、なにか「懐かしいスイッチ」が入った。実は今、父がお世話になっている病院の副院長が、中学高校のバスケット部で共にアツイ夏を過ごし、一緒に悔し涙を流した洛星の親友だということをポロッと口にしたとき、先生の目がキラリと光った。

「重要な情報ですね！　私はあなたの5期くらい後輩。直球、直言。でもユーモアのフォローは忘れない、洛星スピリットで闘うということですね」

そして単刀直入に、いった。

「実は、ちょうど今、個室がひとつあきました。決断してくれれば、あすの朝、転院できます」

勧められるままに、即、転院を決断した。

最先端の緩和ケアによる、父の生命力の蘇生への挑戦の日々が、はじまった。

私は、毎日朝9時に病室に行き、父親に語りかけたり、様子を見に来た看護師さんと語ったりしながら、ベッドの横の長椅子でパソコンを開き、午後3時ごろまで、この本の執筆や、構成に集中する日々を送った。

痛みを限りなくゼロにしようと点滴の微妙な調整をする担当の看護師さんに、酷暑の夏、東京・京橋の駐車場で突然「落ちてきた」生まれて間もない赤ちゃんすずめを保護し、実家にもって帰って父母とご飯つぶをやって育てた話をした。すると看護師さん。

「私の父は、めじろが大好きで、中学生の頃、とりもちでつかまえて、学生服のボタンにひっかけて持って帰り、育てていたんですよ！」と応じる。

そして窓の外を指さし、

「あれ、虹じゃないですか？」

目を凝らすと、比叡山と愛宕山の間のなだらかな山なみに、なんとも太い七色の帯。父親に「すごいね。きれいだ」と語ると、ちょっと微笑む。そんな時間を共有した。

さすがに東京の仕事がたまって、一時帰京。その間、横浜に住む弟の家族がかわりに病室を訪ねてくれた。しかし、29歳の孫娘が面会後に送ってきた詳細なリポートはどこか悲しげで、弟から、帰りの新幹線で泣きながら書いたという補足情報がきた。

胸騒ぎを感じながら、静岡・袋井で「連続講座・姿なき天才　橘逸勢」の特別編を高校の書道部のみなさんに語り、へとへとでホテルにたどりついてスマホの電源を入れた。

「父、危篤」

母からのメールだった。ホントウの闘いが始まった。

その日のうちに実家に戻り、翌朝9時、病室に入った。

ベッドの父は、アタマを不自然ななめに向けたまま、大きく口を開け、動かない。声をかけても、ほとんど動かない。確かに危篤だ。

弟や伯父もやってきた。遠のく意識をどうすれば取り戻せるか。父に「響く」話を、数分おきに語りかけながら続けることを、再度、確認した。

実は早朝、ひとつの知らせを受けていた。年末以来、私自身会えていない別居中の17歳のひとり息子から、メールがはいったのだ。

「おじいちゃんの調子がよくないようですが、どうですか?」

父も、5年以上会えていない。私のうつ病がきっかけということがわかっているため、最近では、会いたいともいえなくなっていた。内心の期待は高いはずだ。

「ある意味ベストタイミング」という返信を、とりあえず送っていた。最近会っている弟と一緒に、気を使いながら電話に出るよう誘い水のメールを、病室から送った。

弟のスマホに電話が入った。息子の名は笑介。少年時代から、しょうちんと呼んでいる。いつもながらの、穏やかでのんびりした声。

か？」

「午後2時過ぎ、東京駅の近くで学校関係の用が終わる。それから新幹線に乗っていいです
「もちろん！」そして父親に大きな声で。「しょうちんが来る！　夕方会えるよ！」

意識を失っているはずの父親が、隣に座る弟の手をぎゅっと握った。

「兄ちゃん！　すごい力！」

2011年の東日本大震災の直後は、放射線被害を避けるために2カ月以上実家で暮らし、おばあちゃんと毎日のように蝉取りに行っては、食事の時間、その話を隣のおじいちゃんにして、すっかり自慢の孫になっていた。しかし最近は京都に来ていない。ひとりで新幹線に乗り、京都駅からタクシーに乗って病院にくることができるのだろうか。何度も時計を確認し、今どこか、大丈夫かと電話して到着を待った。

飛び乗ったのが「こだま」だったため、予定より1時間遅れたが、ほとんど座席で寝ていたのに寝過ごすこともなく、京都駅で降りてタクシーに乗り込んだ。

すでに正面玄関は閉まっている。警備員のいる救急出入り口から外に出て、そぼ降る雨の中、白い息を吐きながら待った。タクシーが構内に入ってきた。

平常心というより、穏やかな低めの声で「ごめん、おそくなって……」と会釈するしょうちんをともなって3階の病室に向かった。

ドアをあけ、カーテンを手ではねのけ、ベッドへ。父親は向こうを向いて口を開けている。

「おじいちゃん、ごめん。遅くなって。大丈夫？」

落ち着いた小さな声に、それでも鋭く反応して、さらに口を大きく開いて……。

「どなた？」

泣こうと思ったんのに、吹き出しそうになった。それはそうだ。丸顔の少年の顔を思い浮かべていたのに、細面のイケメンが、目の前に現れたのだから。しかも父親同様の黒ずくめの服装。しかし興奮すると魔王のように早口でしゃべる私とは違い、いたってマイペース。

「しょうすけだよ。おじいちゃん。待たせたね。久しぶり」

おじいちゃんの顔に精気が戻った。見開いた眼尻から涙が流れ落ちるのが見えた。

それを見守る弟も、伯父も涙を流していた。

しかし、感動の再会を味わっていては、満足しきって息絶える予感がした。時刻は夕方6時半を回っている。実家に帰って、首を長くして待つおばあちゃんのご飯を食べよう。あしたの朝9時に、またここにこようと、しょうちんに提案した。

「そうだね。おじいちゃん、じゃあ帰るね。あしたまた会おうね。楽しみだね」

声を出せない父親が、口をパクパクさせて笑った。最後の力を振り絞る覚悟が見えた。

部屋に入る前、私をみつけて、「今の状況は、あと24時間が20パーセント。さらに24時間が20パーセント。さらに……は、本人の生きようとする力次第」と語っていた主治医・吉岡亮《あきら》医師が、病室をのぞきに来た。

挨拶しようとする私を制して、静かに微笑んでいる。うつむいて何かをかみしめていた。吉岡さんの中で、熱いものが燃え上がっているのがわかった。洛星スピリットが、こみ上げるように高まっている、と直感した。

帰り際、ナースステーションをのぞくと、礼拝する神父のように、吉岡さんがひとりうつむいて座っていた。今夜はあの世に送るわけにはいかない、という決意が背中ににじんでいた。

翌朝、しょうちんと病室の扉を勢いよくあけると、父は真一文字に白い天井をみつめていた。巌窟王のような表情。夜を生き抜き、待っていたのだ。

何も食べられず、水さえ飲めず、栄養の点滴も受けず、数日間がたつ。それでも生気を回復させていた。ただ生きたい、久しぶりに会えた孫とじっくり話したいという一心で。

これが生命力というものなのか。

がりがりになった胸に手を置いてみた。一時は肺炎を患っていたが克服し、大きく呼吸している。髪はもともとうすく、丸い頭がきわだっている。即身成仏する修行僧とみまがう姿だった。

しょうちんは、ベッドサイドの丸椅子に座り、静かに話しかけた。

「2025年にまた万博があるよね。友だちと行こうと思ってるんだ。1970年の万博は、父ちゃんとおじさんとおばあちゃんが、太陽の塔の中に入ろうと1時間、青リンゴをかじりながら待ったんだね。父ちゃんが何度もはなしてくれたんだ」

おじいちゃんの目尻から、また一筋、涙が流れた。

いったん「危篤」と診断された父。それから3日夜の孤独を耐え、もう一度会いたかった孫娘などと楽しい会話を交わした。同じ町内にある、橘逸勢の氏子の中村軒のよもぎ団子の香りを楽しみ、私が夏につけた梅酒でくちびるを湿らせて、早い春を楽しんだ。

そして、朝7時、再度の危篤。病室に母が駆けつけるのを待って、静かに目を閉じ、息をひきとったという。

異次元な酷暑を耐え、末期がんの危篤さえ乗り越えた88歳。大往生だった。

3日3晩を超えた「親父の一番ナガイ日」が、幕をおろした。

通夜の夜、枕もとの線香を絶やさないよう、私としょうちんふたりで、葬儀の建物に泊まった。棺のガラス越しに見た顔には、こころなしか赤みがさし、ふっくらしていた。魂がおりてきていると感じた。祭壇の横には、酒造会社の営業マンとして生きた父が情熱を燃やして売った缶酎ハイ。そして、いつも私が散歩する長い長い堤防の草はらでつんできた、ワイルドな小ぶりの菜の花、数輪。

家族全員、さすがとうなった、その最期。私の脳裏に、ふと流れた歌がある。

日が沈んだ菜の花畑の情景が印象的な「朧月夜《おぼろづきよ》」だ。


桂川、宇治川、木津川が交わって淀川となる地に築かれた、短命のみやこ長岡京。さらにはちょっとした暗転のあいだに主役の座について1000年以上みやこだった平安京。そしてそのみやこの食を支えてきた琵琶湖。そうした営みをうつす川の流れ。人と自然が手をたずさえ、豊かさを保ってきたという感覚。戦後はやった食の工業製品化とは一線を画す縄文以来の日本の里山の感覚。2024年の2月、夕暮れの光の中で一面に咲く菜の花畑の風景に、しみじみと感じるのだ。

母親の絵の先生、西山ゆらさんによれば、この菜の花も、最近淀川水系で急に増え、大群落をつくるようになった外来種。セイヨウカラシナ（Brassica juncea）という種だそうだ。ワイルドだけが集う世界は、異次元気候変動に見事に対応して、身近なようにみえて実は違う花々を繁茂させている。このままでは絶滅とか、もうだめだとか、ひとことも不平も口にすることなく。きっと春には、搾れば菜種油が生産できるほどの「菜種」を実らすことだろう。

そして大多数の人間たちは、そんなことはまったく知らないまま、それを活かすことなど夢にもおもわず、困った困ったというばかりなのだろう。

地球のいきとしいけるものは、とっくに〝進化〟をはじめている。

この感覚が共有できる「地球人」を、ひとりでも増やしていきたい。

２０３０年という分水嶺を、日本に暮らす人たちをはじめ、地球の一員たる人類が、鮮やかに跳びこえるために。

## 〝チーム・オムライス〟をおくる卒業式の朝

10日後の3月1日。朝5時、私は「朧月」を見上げていた。

ここは、山口・周防大島。離れ小島・浮島の優しい男・村田結透《ゆいと》くんが船を降りる港や、親友の新村琉斗くんの家の、すぐ近くに、の宿に泊まった。

日の出が近づく。丸い島の前の水面に「かげ」が見えた。そういえば波がほとんどない。

ちゃぷり……、ちゃぷり。あまりに穏やかなので、海なのに「島影」が見えるのだ。

「いい卒業式になりそうだ」

私は早めに宿を出て、島の反対側の海沿い、小高い丘の上にある周防大島高校に向かった。

きのうの雨があがって澄みきった空気。快晴の空。周防大島の最高峰・嵩山がひときわくっきり見える。

8時過ぎ、3年生が登校してくる。

体育祭で白隊の応援団長をつとめ常にモテル男を目指す男子。きょうも仲間に声をかけながら歩いてきた。達人に学んで塩づくりを続けてきた女子は、開発した商品が入っていると思われる大きな荷物をかかえて。白隊の応援団を率い、山口県警への就職を決めた女子・江本弥生さんが、Vサインをしながら、高校へ向かう坂を軽やかにのぼっていく。

校舎の前では、白いネクタイをしめた重村直孝先生、ボート部顧問のベテラン先生が並び「おはようございます！」と生徒に挨拶していた。

なんともユニークな卒業式だった。

10時過ぎ、卒業式が始まった。

整然と3年生が入ってくる。保護者席から静かな拍手。隣のお母さんは、毎朝7時に家を出てバスと電車を乗り継いで通った高校の、地域創生科で福祉を学んだ我が子を、見つめていた。隣には、励ましあった一番の親友なのだろう。千葉からの留学生の強気なまなざしが印象的だった。

式に先だち、卒業生をOB・OG会に迎える表彰式が行われた。代表して壇上にあがるのは、弥生さんだ。背筋をピンとのばした立ち姿が美しい。

3カ年皆勤など13もの賞が、授与される。政策アイデア、チーム・オムライスの元気印、松永姫南さんは、体育連盟の功労賞の賞状を受け取った。

校長先生が挨拶に立つ。コロナ禍で前半はほとんどコミュニケーションなし。後半は団結力と友情を爆発させた3年間の一生懸命をたたえた。地域に学び、地域のおとなを刺激して、多くの経験を積んだ日々を、若き成人としてのこれからの人生に活かしてほしい。力強く飛び立てと激励した。

OB会の代表は、高校が100年前地元の人たちの努力で建てられた歴史をふりかえり、川から海に出て育ち、ふたたび川に返ってくる鮭のように、島に帰って貢献してくれることを期待すると語った。

在校生代表の送辞。3年生がひっぱってくれた文化祭、体育祭、生徒会で、いろいろ学んだ。強いあこがれをもった。これからは3年生を見本にして、みなさんが去ったあと、こんどは私たちが周防大島高校を盛り上げますと、静かだが強い声で、読み上げた。

そして卒業生代表による答辞。知らない人ばかりという不安の中で寮に入った3年前。入学した数日後、みんなで嵩山に登り、仲良くなった。次第に団結を強め、日々勉強に励み、ハワイへの語学研修旅行では、カウアイ島の高校生と英語で語り合い、一緒に周防大島音頭を踊った。いったんは島を出るが、必ずや帰ってきて未来を築きたい。盛りだくさんで多彩な誓いの言葉だった。

拍手は一切ない伝統。しんと静まり返った緊張感あふれる卒業式。答辞の最後に、仰げば尊しがおだやかにピアノで演奏され、思わず涙があふれた。

最後に全員の手拍子の中、卒業生が退場した。美しい姿を目に焼きつけた。

保護者も退場する。ボート部顧問のベテラン先生に、大柄な父親が挨拶にくる。ボート部のキャプテンの保護者だそうだ。胸に花をつけたお母さんが、親しげに挨拶していた。入学直後、問題行動を起こし、何度も家庭訪問をするうち、もっとも親しくなった母親だという。でも一番男気のある生徒だったんですよ。誇らしげに打ち明けた。そして重村先生にもおおいに助けられて、と語った。先生は表から家庭訪問。重村先生がいわくいいがたいサイドからの支援をして、立ち直らせたそうだ。この高校らしい話だと思った。

政策アイデア、チーム・オムライスのリーダー格、福岡の大学の看護学科に見事合格した村田結透くんは、普段のフレンドリーな雰囲気を封印。きりっとした表情で前を見据え、ひとことも言葉を発することなく退場していった。すでに故郷を離れての暮らしに思いを馳せているのだろう。

必ずや、彼らは今や島全体がトップランナーといってよい周防大島の未来を開拓する主役になる。

高校生が地元経済の牽引役になるというシステム。考えてみれば、もっとも劣化せず、常にフレッシュさ、活力を保ちながら経済活動を続ける、理想的な「装置」だということに気づいた。マネー的にはゼロ円で動き続ける、理想的な装置。推進のエネルギーは若者から湧き出る意欲であって、産業革命以来地球環境を破壊し続けてきた資本主義的なものではない。増収増益とか独占とか淘汰とか、「マネー資本主義」につきものの猛々しい強欲は、必要としない。

3年生が卒業すると、またフレッシュな1年生が入り、志と希望をひきつぐ。下の学年へ、そのまた下の学年へ。地域に勇敢な戦士をどんどん輩出し続ける。

これこそがSATOAYAMA CAPITALISMの「持続可能な経済成長」ではないか。地球も地域も壊さず、育む。人類の未来を妨げず、穏やかにたおやかなに創造する。

奇しくも同じ日、戦争の正義を声高に語る「教書演説」をしたロシアのプーチン大統領は、選挙で戦いたくないナワリヌイ氏を、シベリアの酷寒の刑務所に幽閉したあげく、死亡させた。従来型の民主主義が断末魔の様相を呈する中での、希望あふれる未来開拓。私たちがどちらにコミットすべきかは、自明である。

ところで、ミスター里山資本主義の瀬戸内ジャムズガーデン・松嶋匡史さんは、その日もまた新たな商品開発に向け、動き出していた。長門市の酪農農家と「ミルクのジャム」をつくるのだという。最近特に冬場はだぶつきが目立ち、高騰する飼料をせっかく買って生産しても、捨てるばかりとなることが多い生乳。「いものジャム」で取り引きのある山口市の株式会社の農家からそれをきき、プリンに欠かせないカラメルに近い濃厚な「新しい味」を開発し、制度的な難しさもクリアーする形で、商品として店に並べる直前までこぎつけたそうだ。

松嶋さんの「ジャム・ストーリー」にも、終わりはない。スペイン・バルセロナのガウディ設計の教会、サクラダ・ファミリアが完成してしまおうとも、里山資本主義のしなやかな進化は、決して終わらない。

春、私は長岡京の実家で「長岡の筍、乙訓の竹」の世界遺産認定の夢をつむぎながら、桂川がほかの大河と、交わる長い堤防を散歩し、観察を続けた。

桂の木は、なんともいい香りのする樹液を出す木だということを知ったんだよな、とかつぶやきながら、堤防の急な坂を、スコップを手に、おりた。母親のために、堤防の下の方に咲く「ワイルドなラッパ水仙」を、画の材料にすべく根もとから掘ってみることにしたのだ。

やっとの思いで近づくと、驚くほど大きい。長くのびた葉は60センチ以上。真っ黄色の花も直径8センチ以上。なんというワイルドな美しさ。

根元にスコップをつっこんでみた。すごい。じゅくじゅくの、水だらけ。

それはそうだ。堤防の向こうは、三川あわせておそらく毎秒数万・数億リットルの水が流れている。堤防の反対側の同じ高さのこのあたりには、ものすごい量の「伏流水」が湧いているのである。

そのことを、人間は誰も気づいてさえいない。水だらけの湿地を好む黄色い「ワイルド・ラッパ水仙」は、ちゃっかりその環境を謳歌していたというわけだ。ウルトラウォーターのむきだしのワイルドにこそ、ならわなければならない。心からそう思った。

脳裏に突然「三途の川」のようなイメージが、浮かんでくる。

夏の夜、周防大島の浜辺。波打ち際での、思いがけない体験。

午前2時。自分の鼻先を浜に近づけてもわからないほどの漆黒の海辺。見あげれば、カシオペアからスバル。アンタレスにさそり座の中の巨大星雲。白っぽい銀河の雲と、北斗神拳のイメージをうみだした北斗七星。

ふと視線をさげ、歌を口ずさみながら水際を歩くと、水中に「無数の星」が現れたのだ。

歌にあわせて光る動物プランクトン・海ほたる（夜光虫）の競演である。

おだやかな歌だと、足もとで、まさに銀河の星のように静かに光る。

いろんな歌を、ためしてみた。私が好きなMr.Children（ミスターチルドレン）の「光の射す方へ」の一節を、穏やかな声でうたったり、Official髭男dism（オフィシャルひげダンディズム）の「Pretender（プリテンダー）」の、大好きな彼女だけど自分に自信がない男性のナイーブさが際立つサビをうたったりしてみると、歌のリズムにあわせて、30〜50センチ先の水中を、小さな光のすじがスプラッシュした。


想起される山口県出身の詩人がいる。

中原中也。

突然はじまった明治の文明開花。ふつうのナイーブな男子たちはとことん苦悶した。

汚れつちまつた悲しみに　今日も小雪の降りかかる
汚れつちまつた悲しみに　今日も風さへ吹きすぎる
汚れつちまつた悲しみは　なにのぞむなくねがふなく
汚れつちまつた悲しみは　倦怠のうちに死を夢む

汚れつちまつた悲しみに　いたいたしくも怖気づき
汚れつちまつた悲しみに　なすところもなく日は暮れる……
（中原中也『汚れっちまった悲しみに』より）

周防大島の百姓の家に生まれた民俗学者・宮本常一は、瀬戸内海からそう遠くない山里で、橋の下に住む、目の見えなくなったバクロウの古老の話に、耳をかたむけた。バクロウとは、戦後アメリカ型の大規模な畜産が日本にもち込まれるまでの長い間、地域での「牛飼い」の流通システムを担ってきた男たちのことである。「忘れられた日本人」の代表格といえる人の、話だ。

あんたもよっぽど酔狂者じゃ。（中略）わしもあんたのようなもの好きにあうのはじめてじゃ。（中略）かわいがったおなごの事ぐらいおぼえているだろうといいなさるか？かわいがったおなごか……。遠い昔の事じゃのう。（中略）
わしが十五になった年に爺は中風（※脳卒中のこと）でポックリ死んだ。（中略）わしは家から三里ばかりはなれた在所のばくろうの家へ奉公にいった。わしの仕事は親方のいいつけで牛市へ牛をおうていくことと、百姓家へ替える牛を追うてあるくことじゃった。今日も来る日もあっちこっちへ牛を追うていく。その牛がまた毎日かわっている。あっちの牛をこっちへやり、こっちの牛をあっちへやる。親方は口上手でウソばかりついて、この牛はええ牛じゃというて、わるい牛をおいてはその家で飼うているええ牛をとりあげて外へ追うていく。まァ、山の奥の方の村へ仔牛を追うていって、そこの大けな牛をすこし山から下ったところにおく。その家の牛をそれからまた少し下ったところへおくというふうに大けなええ牛を下へ下へ持っていく。そうしておとす牛（殺す牛）は大がい宇和島へ出したもんじゃ。（中略）

楮《こうぞ》の中にガンピというのがあって、それがお札《さつ》の原料になる。（中略）はじめは楮の用事で旦那に逢いにいきよったのじゃが、（中略）それもまったくひょんな事からじゃった。旦那をたずねていったら旦那は留守で、嫁さんは裏でせんたくをしておりなさった。すぐかえろうかと思ったが、茶をごちそうになって、嫁さんのせんたくを見ながら、つい話しこんでしもうた。話というても、わしは牛の事しかわからんから、人をだまして牛を売買する話をきかせた。せんたくものをしぼって、すすぎの水を井戸からくもうとしなさるから、わしがくんであげた。たらいの水もすてるのを手伝うてあげた。ただそれだけの事じゃったが「あなたはほんとに親切じゃ」とお礼をいわれた。わしがこれほどの身分の人に一人前に取り扱われて、お礼をいわれたのは初めてじゃった。それまではあんた、役人は

官員様というて、わしらみたいにわるい事ばかりしているものは、一ばんおそろしいもんじゃった。（中略）

それからは旦那のおりなさらんときを見はからってはちょいちょい行くようになった。（中略）それでも相手は身分のある人じゃし、わしなんどにゆるす人でないと思うとったが、せんたく物をほしている手伝いをしたら、つい手がふれて、わしが手をにぎったらふりはなしもしなかった。秋じゃったのう。

（宮本常一『忘れられた日本人』収録「土佐源氏」より）

海中の、もっともよわきもの、ちいさきものといってよい、プランクトンの放つ光が、我々の胸をうつ。このささやかなサプライズこそ、ウルトラウォーターの真骨頂だ。

戦後の高度経済成長の中、水質汚濁で瀕死の海となった瀬戸内海では、消えてしまっていたかもしれない、よわきもの。粘り強い里海の営みでとり戻した清冽な水にいきづく、ちいさきもの。プラスチックごみが積みあがる波打ち際を、瀬戸内ジャムズガーデンの松嶋さんの呼びかけで大勢の人がごみひろいをしてきた成果、でもある。

今、その「幸せの集合体」の意味を、しみじみとかみしめたい。ウルトラウォーターの輝きは2030年の人類の危機を、軽やかに超えるチカラになるに違いない。

# 解説

――藻谷浩介

「わび」とか「さび」とかいうんじゃない、もっとオリジナルで力強い「日本らしさ」があるはずだ。（岡本）太郎は、探しつづけた。

終戦から6年後の1951年、東京・上野の国立博物館で「あった！」と叫んだ。「火焰土器」と呼ばれる縄文土器との出会いである。「驚いた。こんな日本があったのか。いや、これこそが日本なんだ。身体中の血が熱くわきたち、燃え上がる」（『岡本太郎の宇宙2　太郎誕生』）。

しかしその時、縄文土器は「考古学の資料」として展示されていた。これこそ、日本人がうみだした「最高の芸術」じゃないか！　太郎の「大きな声」が、考古学の資料を「国宝」に押し上げた。

すると「目に分厚いウロコがへばりついていた」多くの日本人が、「美しい！」といい出した。太郎の「戦後日本人の目からウロコをはがす大作戦」が始まった、といってよい。

（……以上、本書第1章より）

切れの良い文体。湧き上がるリズム。目の前を画像が流れていくようにも感じられる臨場感。著者・井上恭介氏の真骨頂ともいえるこの文章を抜き書きしたのは、これをちょっと書き換えてみたかったからだ。

「イノベーション」とか「SDGs」とかいうんじゃない、もっと日本オリジナルで地に足着いた「持続可能な生き方」があるはずだ。井上恭介は、探しつづけた。

リーマンショックからほどない頃、中国山地の奥深くで「あった！」と叫んだ。「里山資本主義」の達人たちとの出会いである。「驚いた。こんな暮らし方があったのか。いや、これこそが日本なんだ。身体中の血が熱くわきたち、燃え上がる」。

だがその頃、里山での暮らしは「消えゆく過去の遺物」だと思われていた。これこそ、日本人がうみだした「持続可能な生き方」じゃないか！　番組制作や出版を通じた、恭介の「大きな声」が、過去の遺物を「懐かしい未来」に押し上げた。

すると「目に分厚いウロコがへばりついていた」多くの日本人が、「未来は里山にある！」と言い出した。恭介の「戦後日本人の目からウロコをはがす大作戦」が始まった、といってよい。

あまりにぴったりとあてはまることに、井上恭介氏を遠く近く見守ってきた評者（藻谷）も、驚いてしまう。

彼が、NHK広島放送局制作の「里山資本主義」シリーズを、監督監修してから13年。角川新書『里山資本主義』を、主著者として世に問うてから11年。一時期、番組制作に精魂を費やし尽くし、病に伏した数年があったが、そこからの大復活を遂げて後の彼は、再び「戦後日本人の目からウロコをはがす大作戦」を進め始めている。

再始動の手始めが、全国に取材を広げて書いたこの本だ。2013年の『里山資本主義』、2015年の『里海資本論』（いずれも角川新書）に続くとなれば、次は「里川」ではないかということだが、著者はここで「ウルトラウォーター」という造語を、書名にすることとした。「川底の石などが『水がない』かのように、くっきり見え」るという（本書序章より）、紀伊半島のすごい清流からイメージした言葉だという。

全編を通じて、一読して活き活きと目の前に光景がよみがえってくる井上氏の文章のダイナミズムは、まさに氏独自のものだ。映像制作に熟練したテレビマンであるからして当たり前ともいえるのだが、氏の異能は、その考えを、映像だけでなく、文章としても、自在に表現できることだ。背景には、氏が万巻の書を読み込んだ学殖の徒でもある、ということがあるだろう。本書でも、古文献の名品から欧米での最新の著作まで、実に多彩な文献が参照されている。

そんな本書に紹介される諸々の物語は、舞台も、内容も多岐にわたり、記述はあちこちに飛ぶ。一次元的に叙述された文章ではなく、多様な要素を3次元空間に展開した、まるで「日本庭園のような本」という感がある。しかし日本庭園を味わうのに本来は正規の順路や順番などないように、気に入ったところを広げて、そこにある勢いに満ちた記述を繰り返し味わうことで、立体的な世界が見えてくる。

この広い世界の無数の片隅に散らばって存在している、そこにしかない価値。その価値を守り受け継いできた、そこにしかない人の営み。それらこそが本当にかけがえのないものであることを、彼は全身全霊をかけて訴える。従来の作に比しても、幼児から高校生まで、かけがえのないものを引き継いでいくべき若者たちの生き生きとした言動が、随所で描かれる。

いきとしいけるものすべては、地球にとって同列だということが自然に受け入れられれば、経済が常に成長しなければならない、などという強迫観念から解放される。ビッグバンで生まれた宇宙は成長を続けるかもしれないが、我らが母なる地球は、これ以上大きくはならない。

　これまで型の資本主義を信じきった人は、ものたりなさを感じるだろう。増収増益とか成長企業が市場席巻とかいう経済が時おり見せる「打ち上げ花火」のような巨大な富とか圧倒的大きさとかいうものはない。派手じゃない。でも実は、誰かが勝つと必ず誰かが負けたり損をしたりする「ゼロサムゲーム」とは無縁な豊かさの追求がある。（……以上、本書第3章より）

　この文章に、闘病からの再起の末に、井上氏が至った境地の豊かさがにじみ出ている。「懐かしい未来」を予言する力強さがある。

　これ以上の「解説」は無用だろう。お目に留まったところから、読んでみて欲しい。エピソード集としても、警句集としても、映像詩の集積としても、未来予言としても、大地と次世代への賛歌としても読める本書を、自在に味わって欲しい。

藻谷浩介　地域エコノミスト・「里山資本主義」従著者

# 参考文献


『里山資本主義』藻谷浩介・ＮＨＫ広島取材班（角川新書）
『里海資本論』井上恭介・ＮＨＫ「里海」取材班（角川新書）
『里海学のすすめ　人と海との新たな関わり』鹿熊信一郎・柳哲雄・佐藤哲編（勉誠出版）
『外来植物が変えた江戸時代　里湖・里海の資源と都市消費』佐野静代（吉川弘文館）
『マネー資本主義　暴走から崩壊への真相』ＮＨＫスペシャル取材班（新潮文庫）
『ヒロシマ──壁に残された伝言』井上恭介（集英社新書）
『日本再発見　芸術風土記』岡本太郎（角川ソフィア文庫）
『神秘日本』岡本太郎（角川ソフィア文庫）
『美の世界旅行』岡本太郎（新潮文庫）
『岡本太郎に乾杯』岡本敏子（新潮文庫）
『忘れられた日本人』宮本常一（岩波文庫）
『民俗学の旅』宮本常一（講談社学術文庫）
『網野善彦著作集 第十六巻　日本社会の歴史』網野善彦（岩波書店）
『江の川物語　川漁師聞書』黒田明憲　語り中山辰巳（みずのわ出版）

『水と人の環境史　琵琶湖報告書　鳥越皓之・嘉田由紀子編（御茶の水書房）
『琵琶湖八珍　湖魚の宴 絶品メニュー』大沼芳幸（海青社）
『琵琶湖の漁業いま・むかし』山根猛（琵琶湖博物館ブックレット）
『伊都内親王願文　橘逸勢』（天来書院テキストシリーズ53）
『橘逸勢と夏目甕麿の研究』夏目隆文（新葉社）
『小松茂美 人と学問　古筆学60年』田中登編（思文閣出版）
『日本美術における「書」の造形史』笠嶋忠幸（笠間書院）
『空海の風景（上）（下）』司馬遼太郎（中公文庫）
『伊勢物語』川上弘美訳（河出文庫）
『村上海賊の娘（上）（下）』和田竜（新潮社）
『ユートピアだより』ウィリアム・モリス（岩波文庫）
『水のこと：水の国、わかやま』内山りゅう（講談社エディトリアル）
『大山椒魚』内山りゅう（ビブロス）
『牧野富太郎の植物愛』大場秀章（朝日新書）

著者紹介
井上恭介（いのうえ・きょうすけ）
作家・テレビディレクター
1964年生まれ。京都育ち。87年東京大学法学部卒業後、NHK入局。報道番組のディレクター・プロデューサーとしてNHKスペシャルなどの番組を制作した。2023年に独立し介塾代表。主な制作番組として、NHKスペシャル「故宮」「里海瀬戸内海」「マネー資本主義」「自動車革命」、NHK BSプレミアム「蘇る太陽の塔」がある。主な著書は、2014年新書大賞を受賞した『里山資本主義』『里海資本論』（共に角川新書）、『ヒロシマ――壁に残された伝言』（集英社新書）、『牛肉資本主義』（小社刊）がある。

ウルトラウォーター
SATOYAMA CAPITALISM 2030

2024年10月15日　第一刷発行

著者　井上恭介
発行者　鈴木勝彦
発行所　株式会社プレジデント社
〒102-8641東京都千代田区平河町2-16-1
平河町森タワー13階
https://www.president.co.jp/　https://presidentstore.jp/
電話　編集（03）3237-3732
販売（03）3237-3731

編集　渡邊 崇
販売　桂木栄一　高橋 徹　川井田美景　森田 巌　末吉秀樹
大井重儀　庄司俊昭
装丁　秦 浩司
撮影　井上恭介
制作　関 結香
印刷・製本　萩原印刷株式会社


ISBN978-4-8334-2549-0
Printed in Japan
落丁・乱丁本はおとりかえいたします。